時空を操るマジシャンたち

超能力と魔術の世界はひとつなのか
理論物理学者**保江邦夫博士**の検証

―――

保江邦夫
響仁
Birdie

明窓出版

はじめに

そういえば最近、僕は大相撲の取組をテレビ中継で見ることがなくなってしまったし、録画による放映があってもつい目を離してしまうことが増えていると思う。

それだけ大相撲の魅力が薄れてしまったのかもしれないが、その理由の大半は、東西の両横綱を張る看板力士の不在が長引いているからではないだろうか。

僕が子供の頃なら栃錦に若乃花、その後は大鵬と柏戸といった具合に、千秋楽の結びの一番を飾る大取組でその場所の優勝力士が決まったものだ。

大変に残念なことだが、そんな大勝負をついぞ目にすることはなくなってしまった。

では、大相撲がダメならプロ野球はといえば、これまた伝統の巨人・阪神戦が熱く語られたのはいったいいつの頃までだったろうか。

幸いにも今期は阪神タイガースがリーグ優勝してくれたからまだよいが、だからといって読売巨人軍と大いに競ったわけではなかった。

おまけに、18年ぶりのリーグ優勝なのだから、本当に隔世の感を強く感ずるのは僕だけではあるまい。二大巨頭による東西決戦に沸いた事実は、経済成長に後押しされた世の中であればこその淡い想い出としてしか存在しないのだから……。

今の日本の現状は、そう、本当に情けない限りなのだが、それでも少しは世の中に貢献したいと考えてきた僕は、ここにきて熱き闘いの場面を実現させることで、人々の奮起を促したいと決意する。

それが、今回明窓出版の社長さんのご厚情を得て世に問うこととなった、我が国が世界に誇る二大超能力者による紙上対決として結実した。

一人は、既に僕と共著『マジカルヒプノティスト　スプーンはなぜ曲がるのか?』(明窓出版)を出したこともある通称「スプーン曲げ師」のバーディー(Birdie)さん。

神戸の阪急六甲駅から山側に3分ほど歩いた大きなキリスト教会の隣で「マジックカフェバーBirdie」を営む、「催眠術師」でもある正真正銘の超能力者です(「緊縛師」ではありません)。

もう、かれこれ5年以上にわたって、ほぼ毎月のようにお店に顔を出したあげく、次から次へと無理難題の「無茶ぶり」を持ちかけ、すべての勝負に敗北した情けない物理学者の僕は、ならば江戸の敵を大阪で討つという心意気で全国行脚の旅に出たのです。

そしてついに、そう、ついにバーディーさんを討ち負かすことができるであろう超能力者を見つけ出すことができた！

それが、広島市内中心部の繁華街「薬研堀（胡町）」にある「マジック&ショットバーHiviki」において、「リアルファンタジー」と名づけた超能力ショーで多くの人々に勇気と感動を与えてくれている響（Hiviki）さんなのです。

性格は、バーディーさんや僕とは正反対、まじめで実直を絵に描いたような好人物。

おまけに超能力者としての経験はバーディーさんよりずっと長く、その昔にはトレードマークのマリオ帽を深く被って敵情視察（？）のために客を装ってカウンターに陣取っていたバーディーさんを、一発で見破ったという実力の持ち主。

しかも、しかもです。長年にわたって空間の多次元超微細構造をノーベル賞物理学者・湯川秀樹博士の「素領域理論」を受け継いで研究してきた、理論物理学者であるこの僕にとっての、まさに人生最大最良の気づきをも与えてくれた当代一流の超能力者なのです。

こうしてこの響さんの虎の威を借る狐、あるいはサメにくっつくコバンザメよろしく、僕は若くして超能力横綱を張るバーディーさんに挑戦状を叩きつけ、千秋楽の両横綱対決、あるいは伝統の巨人・阪神戦の再来となる超能力決戦の火蓋を切ったのです。

第1戦は、神戸にあるホームグランドに響さんを迎え、続く第2戦はアウェイとなる広島に移動したバーディーさんは、超能力者としての大先輩の胸を存分に借りることができ、いつも以上に世にはびこる似非超能力者やトリックマジシャンを一刀両断。関西弁でコーティングされた甘い毒舌は、我々一般ピープルのツヨーイ味方。

さあ、自分の人生を劇的に変えるための起爆スイッチを必死で探し求めている貴方！　それは、今貴方が手にしているこの本の中にしか見つかりません‼

今、この瞬間からドンドンと読み進んでいってください!!!

保江邦夫

2023年の誕生日に

時空を操るマジシャンたち
超能力と魔術の世界はひとつなのか　理論物理学者**保江邦夫博士**の検証

パート2　超能力を発動できる人とは？

パート1　空間を切り開いて別世界に行く

（鼎談一日目）

マジック界の異端児たち

保江 今日は、マジック界の巨頭のお二人から、これまで聞いてみたかったことをいろいろとおうかがいしたいと思います。

僕が思うに、お二人のパフォーマンスは単なるマジックや超能力を超えていて、宇宙というか、実存世界の真実を暴くきっかけにさえなると思っています。

響さんは広島で活躍されていて、自らのパフォーマンスをリアルファンタジーと名付けていらっしゃいます。

マジックでもなく、超能力でもない、リアルなファンタジーですと。

リアルファンタジーという言葉には、魔法使いが登場するようなファンタジーの世界は、実際に存在する……、現実の世界でも不思議な力を使えるということを、多くの人に見せたいという思いが込められている。

それを見た人が、人生において苦しいとか、しんどいとか、やっていられないなと思ったときに、現実世界にもリアルなファンタジーが実在しているということを思い出してもらい、困難を乗り越える力を湧き上がらせてほしい。

その一助となれば、ご自身にとってもありがたいことだと思って、リアルファンタジーを皆さんにお見せしている。

そうしたお話を以前、響さんからお聞きして、なるほどと思いました。

響　ただ、僕もバーディーもマジック界では異端児です。

なぜなら、バーディーは催眠術がベースで、僕のベースはメンタリズム。

ベースがマジックではなく、普通のマジシャンがやらないようなことをやっているので、変わり者扱いをされているのですね。

保江　異端児ということは存じあげています。

実は以前、バーディーさんがＮＨＫテレビの正月特番生放送に出演されていたとき、僕の知人女性も出演していたのです。

マジシャンとしてではなく、アシスタントという形でしたが。

バーディー　そうだったのですね。

保江　彼女はバーディーさんをお見かけするのは初めてだったのですが、僕から話を聞いていたので、「あの人がバーディーさんか」と思っていたそうです。

彼女が言うには、ほかに出演していたマジシャン6人は仲間同士で、リハーサルのときから集まって仲良くしていたけれど、バーディーさんだけは少し離れて一人でいたと。

バーディー　なんだか寂しい子みたいじゃないですか。

保江　つまり、群れなかった。バーディーさんは、マジシャンではないのですよね。

他のマジシャンたちとつるまないし、マジシャンが集まる場でも一人で寂しくしている。

でも、実力があるから、出番は7人中6番目だったのです。

けれども僕は、実質、トリだと思いましたよ、テレビで見ていて。

なぜなら生放送だったので、時間が押して最後の人はほとんど出演できなかったからです。それを見越して、バーディーさんへの時間配分を十分にするためにトリ前にしたように思えました。

そのことからも、バーディーさんが異端児だということがわかりますし、響さんだって異端児です。

本当なら、響さんは日本どころか世界中の人たちを驚かせるような存在なのに、旧態依然のマジシャンたちに、日本でもアメリカでも足を引っ張られて、世に出られなかったとうかがいました。

それで嫌気がさし、出身地の広島に戻られたそうですが、もったいない話です。主流から外れたものを認めず、足を引っ張るというのは、特に日本の悪習ですね。

響　僕自身は本流だと思っているのですよ。

バーディー　マジック業界の役職にも就いていますものね。

響　でも、テレビで取り上げられたときに、いきなり「マジック界の異端児」と言われて、びっくりしました。

バーディーさんのすごいところは、しっかり基礎ができていて、その上で型破りなことができるところだと思います。

マジシャンの多くは、お決まりのパターンで型にはまっているのですが、その中にイマジネーション、発想力が違う人がほんのわずかだけいる。

世界中を見てもわずかしかいない、そうした人たちの一人が、バーディーさんだと思っています。

バーディー　そうなのですね。

響　普通のマジシャンがやらないようなことをやろうとしますよね。

普通だったら、こうするよなというパターンがないのです。逆に、パターンがないから、新たに自分の世界をどんどん広げられる。
それは、大きな武器ですよね。

バーディー　僕はほかのマジシャンと比べると、裏口入学みたいなものなのです。マジシャンになる経緯がみなさんとは違って、小さい頃からマジックをやっていたわけではありません。
最初はスプーンを曲げたかっただけで、知らぬ間にマジシャンになっていたというあたりが、みなさんの発想と異なる理由なのでしょうね。

保江　スプーン曲げを始めたのは、ユリ・ゲラーを見てからですか。

バーディー　ユリ・ゲラーとMr.マリックですね。
普通のマジシャンは、小学生の頃にマジックを見て、それから練習して本を読んで、というのが道筋だと思うのですが、僕は大人になってから、「やっぱりスプーンを曲げたいな」と思って勉強し始めました。

それで、スプーンを曲げるために、気功師のところに行ったり、マジックバーに見に行ったりして、「こんな感じか」とつかんだところで、スプーン曲げができるようになったのです。

そして、スプーン曲げを披露したあるときに、あるマジシャンに、「どうやっているのですか？　教えてください」と聞かれました。

そこで、レクチャービデオを出そうということになって、ビデオを出したり、レクチャー本も出したりしているうちに、「スプーン曲げのバーディーさんですよね」と言われるようになったのです。

だから、最初はマジシャンといっても、スプーン曲げしかできませんでした。

保江　だから、ご自身のことを「スプーン曲げ師」とおっしゃるのですね。

バーディー　テレビに取り上げられたのはけっこう遅くて、まだ10年くらいしか経っていません。

ラジオへの出演はあったのですが、テレビでスプーン曲げを披露したのが10年前でした。

響さんはもっと前ですよね。

響　そうですね。僕が広島でテレビに出たのは35年前で、マリックさんと同じ年の１９８８年です。

その頃はまだ、スプーン曲げぐらいしかできなかったのですが、テレビで、次世代の日本を代表する５人のマジシャンと紹介されて。

「俺、スプーン曲げしかできないのに」と思っていました。そのころはマジックの基礎さえなかったので。

ユリ・ゲラーブームの影響

響　ところで、バーディーさんはユリ・ゲラーをリアルタイムで見ていた世代ですか？

バーディー　僕は１９７９年生まれなので、ユリ・ゲラーが注目されたときは、生まれたばかりです。

保江　じゃあ、リアルタイムのテレビでは見ていないのですね。

バーディー　テレビの再放送や、YouTube の動画では見たことがあります。

響　僕が小学校2年生のときに、ユリ・ゲラーが日本のテレビに初めて出演して、それから2回目、3回目と放送を重ねるうちに僕も興味を持ちました。

ユリ・ゲラーが、「誰でもスプーンをさするだけで、スプーンが曲がる」と言うのです。

そこで、小学校5年生のころでしたが、僕もずっと「曲がれ、曲がれ」と念じながら、テーブルの下でスプーンをさすっていました。

「絶対にスプーンは見ないでください」と言うので、馬鹿正直にテーブルの下に手をやって見ないようにしていたのです。

保江　見ないのがよかったのですね。

響　ＣＭ中も、スプーンを見てはいけないと言われていましたから。

バーディー　それで曲がったのですか。

響　すごく曲がったのです。番組が終わるまで、軽くさすっていただけですよ。

保江　そのテレビを見てスプーンが曲がった人はかなり多くて。テレビ局に、報告の電話がひっきりなしにかかってきたそうです。

響　それで、日テレがあった地区の電話局の交換機がパンクしたそうですね。

保江　先日、矢追純一さんから聞いたのですが、ユリ・ゲラーは一瞬で何本もスプーンを曲げてしまうから、テレビ局も最初は「これでは番組にならない」と頭を抱えたそうです。

矢追さんは、ユリ・ゲラーを日本テレビの特番で紹介してスプーン曲げを広めたことでも有名な方ですね。

それで、番組を45分間もたせるために、ゆっくり曲げたり、いろいろ前口上を言ったりしてもらいながら、ようやく成立したのですね。

デパートでのイベントの際、彼が廊下を歩くと、周辺のロッカーの鍵が全部曲がってしまい、使い物にならなくなってクレームが入ったという話も聞きました。

テレビで紹介されているより、もっとすごい人だと聞きました。

バーディー　先日観た、『ゴジラ対キングキドラ』という映画に矢追さんが出演されていました。

いつか、矢追さんに会ってみたいですね。矢追さんの前でスプーン曲げを披露したいです。

保江　矢追さんもかなり高齢ですから、お元気なうちに会っておかないと。

次回、我々3人に矢追さんも交えてイベントをしましょう。矢追さんにも伝えておきます。

響　ＵＦＯの話も直接聞けますね。楽しみです。

バーディー　僕がマジシャンとしてマジック番組に出たのが、10年前の『木曜スペシャル』（＊１９７３年４月から１９９４年３月まで日本テレビ系列局が編成していた単発特別番組枠）が最初です。そこでスプーン曲げをやったので、感慨深いものがあります。

ところで、響さんは何に憧れてマジックを始めたのですか？

響　僕もユリ・ゲラーがきっかけです。小学5年生のときにユリ・ゲラーを観てからですね。マジックはその前からやっていたのですが、全然できなくて。

バーディー　小学生の頃からマジックをしていたのですね。

響　小学2年生のときに、クラスのお楽しみ会で見せたのが最初でした。そして、ユリ・ゲラーを見てからは超能力の研究にはまって、没頭していました。

当時の人たちは、みんな興味を持っていましたよね。超能力に関する本もたくさん出ていました。

そして、中学校1年生のとき、ラジオで「ヨーロッパではメンタリストという人たちがいて、不思議なことをしている」という話を聞いたのです。

それで人の心理に興味を持って、加藤諦三さんという方の本を読みました。

その本に、「人を愛する、ということは、愛している人に愛していると伝えないことだ」と書いてあったのです。

その人が幸せであることを生涯見守り続けることが、人を愛するということだと。

バーディー　深いですね。僕には無理です。

響　僕もその頃は全然そうした価値観がなくて、カルチャーショックを受けました。もう人前に出るのも嫌になりました、恥ずかしくて。

それで、人の心理を少し学んでみようと思ったのです。それから、人の心理を勉強するのなら、こうした人がいるからコンタクトを取ってみれば、などと教わって、実際に英語でコンタクトを取り始めたのです。

そうしたことがきっかけで、人の心理を学ぶことが僕のライフワークになっていきました。

バーディー　普通は、相手を思い続けるだけじゃ物足りないでしょう。

保江　深い言葉だけれども、とてもじゃないができないですよね。

バーディー　愛する人が目の前にいれば、少しでも触れてみたくなるでしょう。でも、響さんは見守ることを貫いているのですね。

響　今は目の前に女性がいても、男性と話しているときと感覚は変わりません。

バーディー　悟りの境地のようなものですか。

響　悟ってはないと思います。保江先生は、女性の脚の写真を撮っているじゃないですか。色気を維持しておられる。

そういう風にはなれないから、羨ましいなと感じることもあります。

空間を切り抜いて別世界に行く

保江　僕は物理学者ですが、物質の構造といったことには全く興味がないのです。

たとえば、普通の物理学者は原子、分子、原子核がどのような素粒子からできているのか、その素粒子はクォークとかストリングとか、どのようなものから出てきているかなど、そんなことばかり追求しています。

僕は大学で天文学科にいたぐらいだから、そんなことにはもともと興味がありませんでした。

興味を持っていたのは、素粒子などの物質が存在する空間、入れ物のほうです。

しかし、物理学者の中に、入れ物である空間、つまり宇宙空間の性質について、物理学の立場から論じる人はほとんどいませんでした。

ついに現れたのは、相対性理論を考えたアインシュタインです。

アインシュタインは、非常に大きな銀河系ぐらいのレベルでは空間が曲がっているとして、曲がっていることによって重力、すなわち万有引力が発生していると説明し、空間の性質に重力を持ち込んだのです。

その後、電場、磁場、電磁力までも空間の性質で説明しようとする統一理論、さらには素粒子の世界においても、空間がちょっとねじれているとして、電子やクォークのアイソスピンも説明しようという動きがありました。

その最たるものが、日本人で初めてノーベル物理学賞を受賞された湯川秀樹先生です。湯川先生は兵庫県の六甲の近くに住んでいらした時期があって、その頃、素領域理論という新しい論理を考えておられました。

空間の一番の元がどういう構造になっているのかを追究するもので、僕はそれを受け継いで研究してきました。

だから僕は、空間の構造さえわかればよかったのです。

原子核がどう、素粒子がどう、ストリングがどう、といったことはどうでもよかった。

「空間の構造はどうなっているのか」という僕の問いに一番正しく答えてくれそうな理論が、１９６６年に湯川先生が提唱した素領域理論で、それは空間は小さい泡の集まりだという内容です。

広島に響さんを訪ねたときのことですが、響さんが僕に裸電球を持たせて、なにか不思議な仕草をすると、裸電球が灯ったことがあります。

それは本当に強い光を放っていたのですが、見ていてもちっとも目が痛くなりませんでした。

普通は、まぶしい光を見ると目がチカチカするでしょう。

それなのに、驚いたことに電球を握っている手も、ちっとも熱さを感じない。

恐る恐る一番光っているガラスのてっぺんを触ってみても、全く熱くなかった。

こんなことは物理学的にはありえないことで、まばゆく光っていれば、高熱も発生しているはずなのです。

「どうして熱くないの？」と聞くと、響さんは、

「この世界では、電流を流して白熱電球を光らせると熱が出ます。持っていられないほどの熱さを感じますね。私は、この白熱電球とそれを持っているあなたの手首がある空間だけ切り取り、そこでは白熱球を光らせても熱が出ない世界に変えたのです」と説明していました。それで納得したのです。

バーディー　納得されたのですか。

保江　だって、納得するしかないでしょう、現に熱くないのですから。

たとえ詭弁であっても、「やけどしない、熱くもならない、そういう世界になっているのだ、ここだけは」ということで説明はつくわけです。

その後、バーディーさんに会ったときに、

「響さんが裸電球を僕に握らせて、動力なしで光らせたよ」と言うと、奥のほうから、「これですかね」と言って電球を持ってきてくれましたね。そういうマジックグッズが売られていると、見せてくれたのです。

バーディー　ダイソーで買えますね。

保江　でも、それは明らかにバッテリーを仕込んだLEDだったので、「いやいや違うよ、バッテリーなんかついていない、ただの電球だよ」と言ったら、次は普通の小さい電球を出してきて、「これですか、これを光らせたのですか、本当に？」と聞いたわけ。

「そうだよ、バーディーさんもちょっとやってごらんよ」と、トライしてもらったのですが、なかなかできない。

僕と、同伴していた秘書は、真剣になって一緒にじっと見ていたのですが、一瞬だけ、パンと光ったのです。

一瞬でも、「できるじゃないか」ということになって、バーディーさんも「練習しておきます」ということで終わったのですが。

響　すごい無茶ぶりですね。

保江　無茶ぶりばかり僕はしてきたのです。でも、本当に1回は、ピカッと光った。

バーディー　一瞬でしたね。

保江　たとえ一瞬でも、握っているだけで光るというのは物理学的にはありえません。
響さんはそれをやる前に、空間を切り抜くような仕草をして、「別世界にする」というのはこうやればいいんだと言いました。
そのときに、映画の『ドクターストレンジ』を思い出したのです。

バーディー　マーベルのヒーロー映画ですね。

保江　この空間を切り抜いて別世界に行けるなんて、ドクターストレンジの世界じゃないかと。

そこで僕は、自分で主宰している東京の合気道の道場に行き、

「この前、広島で超能力者の人がこうやって、この世界を切り抜いて別世界にしたよ。ひょっとして武術に使えるかもしれないからちょっとやってみよう」と言って、みんなの前で試してみたのです。

一番屈強な男性に僕の片腕を両腕で固く握らせた状態で、大げさな仕草をして、その人の体がある空間を切り抜いたつもりになった。そして、

「この世界で、この人は安定して立っていられない、立てなくなるよ」とか言って、自分の手をポンと返すと、彼は半回転して肩から落ちてしまいました。

それから、名古屋の道場でもそれを披露して、門人のみんなにもやらせてみたら、ほとんどができました。

みんなキャッキャ、はしゃぎながらだったのですが、その中にいた母と娘の親子が、一番上手にやっていたのです。

「何であなたたちは、そんなにうまくできるの？」と聞いたら、

「ドクターストレンジが大好きで、映画は10回観て、ＤＶＤも買って観ています。家でもお母さんと冗談でこんなことをやっているのです」という答えが返ってきたのです。

僕はこれまで物理学者として、空間の構造を研究してきました。

みんなから、「お前、なんでそんな研究をしているのだ」とか言われてきて、自分でもその理由はもうひとつわからなかったのですが、今になって、このためだったのだと気付いたのです。

僕は大学生の頃から合気道をやっていますが、体格が大きな人や、体力のある人には敵いません。でも空間を切り抜いて別世界にしてしまえば、簡単に相手を倒せるのだということがわかった。

つまり、空間の構造は多重構造になっていて、もっと高次元の世界ともつながっているの

です。

けれども、我々はそんなことを知らずに、この世界は3次元ののっぺらとした空間だと思っている。

でも本当は、その空間を上手に操れば人の心も読めるし、人を操ることもできるし、普通なら光らない電球を光らせることもできるのです。


僕はもう72歳ですが、長年研究してきた、突き詰めようとしてきた謎を、お二人のおかげで理解することができました。

結局、この空間の背後にあるリアリティは、まさしくリアルファンタジーのように、ファンタジー、つまり、超自然的、幻想的、空想的な世界と言えるものなのだと。


物理学者として、あるいは武術家としても、技術や体格や体力に勝る相手は倒せない、という世界に閉じ込められていたのが、お二人の間を行ったり来たりさせてもらうことで、真実に出会えたのです。

そういう意味で、お二人は僕にとって、真実への扉を開けてくれた大先生です。

バーディー　マジシャンの世界で言うと、表現の方法はそれぞれなので、実際、何が起こっているかというと、よくわからないのですよね。

たとえば、トランプのマジックで、1日に何度も、別々のお客さんに同じカードを引かれることがあります。

「好きなカードを言ってください」と言うと「ハートの3です」と言われ、「この中から好きなカードを引いてください」と言うと、またハートの3。

新規でいらした次のお客さんに、また、「好きなカードを思い浮かべてください」と言うと、やはり「ハートの3」になる、などということが実際あるのです。

そのときに、マジシャンは「偶然ですよ」とは言わないのです。

「あなたは運命的に、カードに引き寄せられたのです」と言うわけです。

本当に引き寄せられているのかどうかはわからないけれども、不思議なことは起こるものです。

ですから、「空間を切り取る」というのも表現の一つだと思います。実際に空間を切り取っているかどうかは、なかなか確認できないですよね。

保江　「戸隠流忍術《とがくしりゅう》」宗家の初見良昭先生という方がいらっしゃいます。もう90歳を過ぎた忍術の伝承者で、現代の忍者と言われる方です。

世界中から、ＦＢＩなども含め体格のいい男たちが道場にやってくるのですが、彼は自分より若くて体格のいい外国人をどんどん投げ飛ばしていくのです。

その初見先生のお弟子さんが僕の道場に入門したことがあって、彼が初見先生に、「どうして現役のＦＢＩのエージェントのような男性を、次から次へと簡単に倒せるのですか？」と聞いたら、

「空間に預けるのです」とおっしゃったと教えてくれたことがありました。

やはり、空間という言葉をちゃんと使っています。まさに、ドクターストレンジなのです。

その空間では、ＦＢＩのエージェントでさえ簡単に、数人いても次々と、あっという間に倒されるわけです。

バーディー　忍術の先生が「空間に預ける」とおっしゃっている現象とは、実際にどういうことが起こっているかがわかれば面白いですね。

興味はありますが、みんな好きなことを言うでしょう。

大谷選手の気迫が呼び込んだＷＢＣ優勝

保江　表現の仕方はともかく、それっぽいことができているのです。最近、やたらとそういう話を聞くようになりました。

バーディーさん、響さん以外にもひょっとして、「俺だって不思議なことができる」という人がいるかもしれない。

昔は本当に、ユリ・ゲラーぐらいしかいなかったのですが、なぜか特にこの２、３年本当に多くて、素人さんでも、そんなことができる人に遭遇します。

そこで何かに気づいて簡単に何度でもできるようになる人がいるかと思えば、１回だけで終わってしまう人もいます。
それは人間が誰しも持っている技術で、100%信じられれば何でもできる、という考え方もあるでしょう。

バーディーさんは以前、
「工具のレンチが曲がるとは100%信じきれないから、まだ曲げられないのですよ」と僕におっしゃったでしょう。
「100%曲げられると確信があるものは、いつでも曲げられます」と。

バーディー　100%信じていても、できないこともありますよ。最近の阪神タイガースはちっとも打ちません。信じているのに（笑）。

保江　でも、今年（2023年）のワールド・ベースボール・クラシック（WBC）の準決勝では、日本がメキシコにサヨナラ勝ちしましたよね。それまで全く打てなかった村上選手がヒットを打って。

そのとき、テレビで試合を見ていた多くの日本人が、「ここで彼が打って逆転勝ちする」と、なぜか思えたと言っています。

バーディー　確かにそうですね。

保江　それは、希望や願いとはちょっと違います。絶対に勝てるはずだと多くの人が思ったはずです。

量子力学や素領域理論の考え方でもあるのですが、みんなが100％、これで逆転だという思いがつながって、逆転が起きる世界に変えたということなのです。

それが、真の応援です。

バーディー　すると、阪神ファンはどこか心の中で疑っているのですね。また打てないだろうと。

保江　そうです。そのとおりです。

響　村上選手の前の大谷選手もすごかったですよね。逆転に必要なものを全部呼び寄せたというか。

あの試合展開で、普通ならマインド的には負けを覚悟している状況ですよ。

でも、大谷選手は負けていなかったですよね。「逆転するぞ」というパワーを呼び寄せました。

それが、村上選手の素晴らしい打撃につながったのだとも思います。

保江　大谷選手の気持ちが、テレビで見ている人たちの確信にもつながっていったということでしょう。すべての源は、大谷選手だったのかもしれませんね。

響　大谷選手が2塁打を打ったときの気迫が、全部変えてくれたのです。全員のマインドを彼が変えてくれました。

「もうダメだ」というところに陥りそうな雰囲気を全部変えてくれたのですから、すごい精神力だと思いますよ。

マジックの上澄み部分とは？

バーディー　スプーン曲げに関して言うと、不思議な部分は本当に少しだけです。だからマジシャンはみんな曲げられるのです。

マリックさんもやるし、テレビでスプーン曲げをやっている若手のマジシャンもいます。僕がやっていることも、基本は同じことで、ほかの人たちと違う部分は、ほんの上澄み程度です。

上澄みの少しの部分、そこぐらいしか僕の不思議なところはありません。

保江　上澄み部分というのは、どういうものですか。

バーディー　簡単には曲げられない硬いスプーンを使うというところです。

保江　前、見たときには、曲がらずにパキンと折れましたよね。

バーディー　だから、あるときに年齢の高いマジシャンが来て、「バーディーさん、超能力だと噂になっていますけれど、マジックでしょう」と言われたことがあります。

「マジシャンなのですからマジックです」と答えると、

「じゃあ超能力と思わせるような表現はよくないでしょう」と言うわけです。

僕は、超能力なんて一言も言っていません。ただ、「マジックでしょう」と言われたときに、「マジックとしてスプーンを曲げているけれど、ちょっとの上澄みがある」という話をします。

そして、「このスプーンを曲げられますか」と、店にある太いスプーンを相手に渡すのです。腕力で曲げようとしても、曲がらないくらい丈夫なものです。そして、

「これは曲げられないでしょう。でも僕は曲げられるのですよ」と言います。

ほんの少しの部分ではありますが、普通のマジシャンにはできないスプーン曲げも、「自分には曲げられる」というイメージが確かにあるのです。それで空間を切り取れるのかどう

かはちょっとわかりませんが。

ただ、電球をつけるにしても、結局、ダイソーで売っているようなマジックとして表現される部分もあります。

心を読むにしても、さまざまな手法があって、心を読むというマジックももちろんあるし、メンタリストとかブレインダイブといった表現もあります。

ずっとそこを積み重ねていくと、マジックを超えた部分というのが少しだけある……、そこが上澄み部分です。

保江　ずっとマジックをやっていると、ちょっと超えた部分が出てくるというわけですね。

バーディー　だから、人と会った瞬間に、相手がどんな人なのかがすぐにわかります。

「好きなカードを引いてください」と言ったときに、「この人はたぶんここから引くだろうな」というのを感じるのです。

たぶん、この人は一番上のカードをさっと取るだろうとか、真ん中あたりから取るだろうといったことを感じるのですね。
そうした、何か上澄みの部分が、タネ、仕掛け以外の部分にあることは確かです。
ただ、マジシャンの立場からすると、「私は超能力でやっています」とは言えません。

響　超能力というものをみんな勘違いしていると思うのですよ。超能力を英語にすると、「Extra-Sensory Perception」で、いわゆるＥＳＰです。それを持つ人がエスパーですね。日本語に訳すと、超感覚的知覚となるのです。ずっと研究していて感じたのですが、要するに、普通の人が感じ取れない感覚を感じ取れる人が超能力者なのです。

バーディー　波動ですよね。

響　そうですね。たとえば熟練した寿司職人がシャリを取ると、必ず同じグラム数で、お米もほぼ同じ粒数になるといいますよね。普通の人がやろうと思ってもできない。
僕はマジックで、片手でトランプを混ぜるワンハンドシャッフルという技をよく使うのですが、あれも頭で考えて、理論的にやろうとしてもできないのです。

感覚を頭の中でイメージして、イメージどおりに手先を動かせばできるようになるのに、みんな、

「どうやったら、自分でもできるようになるのですか？」と聞くのです。

普通のマジシャンは、誰でもできるようになる方法を聞きたがるのですよ。

でも、マジックはもともと、そういうものではありません。誰にでもできるものはマジックではないと僕は思っています。

それを考えたら、僕は超能力とマジックの差というのは全然わからないのです。

バーディー　一般の人が思っているマジックと、僕らが考えるマジックは違いますよね。

響　そう、違います。
超能力も勘違いされているし、マジックも勘違いされています。

バーディー　保江さんのファンが私の店に来たとき、よく「何かやってください」と言われ

るのですが、トランプを出してパッと広げると「それじゃない」と言われることがあります。「いや、マジックじゃなくて」と言われて、困ってしまうことがよくあるのですね。

響　トランプ、イコールマジックなのですね。

バーディー　トランプではなくて、心を読んだりスプーンを曲げたり、そういうのが見たい、というわけです。

響　先入観ですよね。トランプを見ただけで簡単なマジックだと思ってしまうのは。

バーディー　だから、サイババが指から粉を出したら超能力なのに、マジシャンが鳩を出したらマジックと言われてしまいます。鳩を出すほうが、粉を出すよりずっと難しいのに。

保江　それはそうですね。

バーディー　手から粉が出たら超能力、超常現象だと言って騒ぐのに、手からトランプを出しても、誰も超常現象と言ってくれません。だから難しい。

一般の人は何を見たら超能力と言うのだろうと考えていたのです。

昔、セロさんが壁からハンバーガーを出すマジックをしたら、それを超能力だと言って人気を博しました。

超能力でハンバーガーが出るわけない、と僕は思いましたけど。

響　あれがあれほど受けたのには、僕もびっくりしました。

バーディー　案外、そういうものですよ。

だから、一般の人がどこまでをマジックと受け止め、どこから超能力だと受け入れてくれるのか、それはすごく難しい。

たとえば、

「何か絵を描いてください。それを僕が当てます」と言って絵を描いてもらい、

「チューリップの絵を描きましたね」などと言いながら絵を再現すると、お客さんは、

「どこで見えたのですか？」と聞くわけです。

「見てないですよ」と言っても、

「どこかで見ていたでしょう。鏡があるのではないですか？　カメラが仕込んであるのですか？」と言われることがあります。


ところが、チューリップの絵を描いてもらったときに、絵を再現するのではなく、

「花ですね」と言ったら、

「なんでわかったのですか？」と、単に驚くのです。

的確に当てるよりも、ぼかして言ったほうが、お客さんは超能力だと信じやすいのですね。

「チューリップですね」と言ったら、

「どこかで見えていたのでしょう」と言われ、

「花ですね」と言ったら、

「どうして私の心が読めるのですか？」と言われる。この表現の難しさは、マジシャンに

とっての共通の課題だと思います。

「赤い色が見えます。花ですね」と言うと、

「どうしてわかったのですか？　私、チューリップの絵を描きました。白黒の絵なのですが、どんな色かまでわかるなんて、心の中を読んだのですね」と言われることもありますが、僕はチューリップだったら、だいたい赤だろうと思って言っているだけなのです。

だから、マジックを見て超能力だと思うのも危ういと思います。

僕は、「超能力を身に付けて、何の役に立つのだろう」と疑問に感じているので。身に付けて、理屈を理解したところで、いずれにしろ僕は100歳までには死ぬのですからね。

保江　言い得て妙ですね。確かにそのとおりなのですが、やはりこの世界が、それこそ響さんのおっしゃるリアルファンタジーの世界なのだということを知っていると、ちょっと安心できませんか。

バーディー　それこそ、量子力学というのは、結局はわからないものを研究する世界でしょう。

保江　そうですね。

バーディー　宇宙の爆発創生、ビッグバンのエネルギーはどこからやってきたのかとか、ダークマターというものが存在しているが、その正体は全く想像がつかない。重力ってつまり何なのかとか、結局はっきりとは理解されていない……、そういう世界じゃないですか。

そう考えると、科学とか医学とか、今の学術、数学、数式などで全てがわかった気になるというのも危ういでしょう。

保江　そのとおりです。

バーディー　光って何ですか。光の正体は何ですか。波動ですか、量子ですか、という話ですよね。答えは、「わからない」でいいのではないかと思います。

なぜ人間だけが二足直立して歩けるのか？

保江　さきほど、響さんのお店で電球を光らせてもらって、空間を切り取ったのだという話をしました。

その後、道場に行って空間を切り取ったら、相手が倒れるという話をして、忍者の初見先生の話でも空間のことを言いました。

それは、昨年（２０２２年）の暮れぐらいからの僕の理解です。

今年になって、さらに今の物理学の量子力学ではなくて、もっと奥深い、素領域理論やスーパーストリングセオリーなどに基づいて、空間を考えるようになったのです。

空間が実は26次元だという説や、一番小さくても5次元あるという説もあります。でも、見かけ上は3次元です。

我々が知っているのは縦、横、高さの3次元の世界ですが、4次元、5次元、6次元、あるいは26次元、無限次元まであるともいわれます。

響さんに教わった、「空間を切り取る。そこを別世界にする」って、一体どういう意味なのだろうと、あれ以来、ずっと考えてきました。

幸い僕は理論物理学者で、しかも空間の構造を研究してきました。

空間の次元は3次元まではなくて、4次元、5次元、無限次元までの可能性はあるけれど、その中で3次元までを我々は認識できています。

4次元以上の部分は認識できていませんが、そうした、まだよくわかっていないものを切り取ってそこを別世界にするというのは、どういう意味なのだろうと僕なりに考えました。

切り取るというのがどういうことかというと、3次元で切り取るのですが、4次元、5次元、6次元、無限次元のいたるところまで切り取っているようには僕には思えない。

ところがある朝、起きたときに、ふとひらめいたのです。

初見先生も僕も、空間を切り取ったつもりになったら相手が簡単に倒れるのですが、それはなぜなのか。

それから、元プロレスラーの前田日明《あきら》さんに全体重をかけて腕を抑えてもらって、空間を切り取ったら、体重が130キロもある彼を持ち上げられたこともありました。

その真相は、空間を切り取ったら、重力がなくなるのです。

それは、人間だけが二足直立して歩けることと関係しているのではないかと思いました。チンパンジーやゴリラも少しの間なら二足直立できますが、すぐに手をつかなくてはいけません。他の動物は、ほとんどが四本足で歩いています。

つまり、人間だけが二足直立で安定していられる。揺れる電車の中でもある程度は耐えられます。

バーディー　立っていられますね。

保江　マネキン人形や銅像は、地面に接着していないかぎり、揺らされると倒れてしまいます。でも人間は倒れずに、ある程度までは耐えられます。

なぜかと突き詰めたら、ひょっとして人間も他の動物やマネキン人形と同じように、３次元のみの存在であれば、簡単に倒れるのではないかと思ったのです。

それが、人間だけは霊魂、魂の部分が実は４次元、５次元、６次元につながっていて、そちらでしっかり押さえてくれているから倒れにくいのではないでしょうか。

だから、僕が響さんに教わったように空間を切り取ると、その高次元の部分のつながり、４次元以上の部分のつながりを切ってしまうのではないかと考えました。

高次元の部分は切れているのだけれど、３次元の部分しか認識できない我々にはそれがわからない。

でも実際に、相手がマネキン人形のように簡単に倒れてしまい、１３０キロの人が重力に逆らうように上がってしまうのです。

そういう現象が起きるのだと納得し、１００％の確信が生まれたのですよ。物理学者だからね。

バーディー　物理学者だからこその解釈なのですね。

保江　物理学者だからこその確信です。最初はそういう屁理屈のようなものを思いついて、考え続けてやっと確信が生まれるのです。

これが物理学者ではない一般の人なら、「高次元のところだけ切る、それがなあに」ということで腑に落ちるところまでにはならないでしょう。

僕がたまたまそうしたことを研究してきたから、１００％の確信につながったのです。

結局、自分を１００％納得させるための方便が、僕の場合は物理学の屁理屈だったのです。

バーディーさんの場合は、マジックで長年積み重ねてきた経験なのでしょう。

バーディー　方便というのは、要は宗教的に言うと偶像のようなものですよね。十字架だろうが、仏像であろうが。

保江　いわしの頭も信心からというように、本当に、どんなボロボロの十字架であっても、「これは、キリストが抱いていたものだよ」と言ったら、信者にエネルギーを与えるような力を持つわけです。

バーディー　少しの奇跡を起こせるということですね。

保江　誰でも奇跡を起こすことができるのですが、それについて、100%の確信を持てるような方便があると思うのです。

響さんにもあるでしょうし、バーディーさんにもあるでしょう。僕にはそれがたまたま、物理学の屁理屈だったということです。それでも、その屁理屈があれば、僕は物理学者として理論武装ができます。

僕にとっては、それが一番信じやすかった、ただそれだけのことです。

バーディー　僕らの立場で言うと、積み上げとか経験とか実績ですね。スプーンを曲げられたという実績が大きく物をいうのです。

スピリチュアルの世界は難しくて、十字架を持ってきて、「これで奇跡が起きるのです」

という人がいる一方で、仏像を持ってくる人もいるわけでしょう。

仏像を持ってきた人は、「十字架では奇跡が起こるわけがない」と言います。

死後の世界を見てきたという人なら、

「川があって、向こう岸でお父さんが来るなと言っていたので戻ってきました」と言います。

ところが、キリスト教の信者は川なんて見ない。

「雲に乗って昇っていったら、トンネルがあって、出ようとすると、天使がラッパを吹いて聖歌が聞こえてきました」と言います。でも、仏教信者には、そうは見えないわけです。

だから、それぞれの人にそれぞれの信じられる何かがあって、それによって奇跡が起こるということだと思います。

僕の店に、たまに保江さんのファンがお客さんとして来られるのですが、採めることがあるのです。

「保江邦夫先生の本を見てきました。バーディーさん、あなた、宇宙人なのでしょう」と言うわけですよ。

「いや、どうでしょうね。僕の両親は香川にいますけれどね」と答えたら、

「いや、あなたは宇宙人です。私にはわかります。感じます」と言い張るのです。そして、

「今、地球上に宇宙人は13人来ています。年に1回、宇宙人の集会があるので、バーディーさんもそこに行ってください」と言うのです。


「そこでは、どんな宇宙人がいるのですか？」と聞いたら、外人の写真を見せられるのです。宇宙人は南米に集まっているそうなのですね。

「なぜ、この人が宇宙人だとわかるのですか？」と聞いたら、

「この人はみかんを皮ごと食べた。宇宙の人は、みかんの皮からエネルギーを摂取しているからです」と言うのですよ。それからも、

「僕も宇宙人だし、バーディーさんも宇宙人です。スプーン曲げの映像を見ましたからわかります」と言うものだから、

「僕の親は、普通の人間ですよ」と言うと、

「魂が転生してきているのですよ。まだ気づいていないのですか」と言うわけです。

僕も客商売だから、

「そうですか、知りませんでした」と話を切り上げたら、そこにまた、

「すいません、保江邦夫先生の本を読んできました」という3人の女性が入ってくるのです。そして、

「私たちは宇宙人です。宇宙語が喋れます」と言って、ペラペラペラと聞いたことのない言語でしゃべるのです。

「この子はシリウス星人で、この子は◯◯星雲から、前世は◯◯星雲の別次元にいて」などと、話の勢いがすごくて。

そうやって、1時間くらい、宇宙の挨拶や握手の仕方などについてもペラペラとおしゃべりをする、そんなことが、しばしばあります。

保江　バーディーさんも響さんも、マジックバー、マジックカフェと称したお店で、いろいろなお客さんを迎え入れています。

その経験値は大変なものです。今の話のような面白いお客さんも数多く相手しなければな

らないのですからね。

バーディー　保江さんのファンが、特別に面白い人が多いのですよ。

保江　どんなお客さんが来てもウェルカムで、そうやってさばいて、その人たちの前でスプーンを曲げたり電球を光らせたり、心を読んだりしてみせているのですよね。

この経験値は、僕の物理学の理論の4次元、5次元、高次元の世界と切り離すということと同じ働きがあると思います。

響　今、話を聞いていて面白いと思ったのですが、僕の店にはそんなお客さんは一人も来ないですよ。

バーディー　そうですか。意外ですね。

響　いろいろな場所でショーをやりますが、そこにもそういうお客さんは一人もいませんね。

マジシャンが来て、超能力がどうのこうのと言われたこともありません。

バーディー　僕が気さくすぎるのかもしれませんね。

保江　もちろん、それもあるでしょう。雰囲気を見たらわかりますしね。響さんは何かちょっと近寄りがたい、神秘的な感じがあります。

その一方で、バーディーさんはざっくばらんな感じがします。

バーディー　それにしても好き勝手なことを言われるから。

先日も年上の女性に、

「あなたと私は前世にインドで兄弟だったのです」と言われたのです。

「バーディーさん、覚えていますか？」って。そんなふうに言われても困りますよね。

保江　類は友を呼ぶですから、バーディーさんだからそういう人を引きつけるのですよ。

バーディー　類じゃないですよ、僕はマジシャンなのですから。

保江　そうした人が来やすい雰囲気があるのでしょう。

バーディー　最近も店に来た人が、YouTubeで僕の動画が消えたと言っていましたよ。「バーディーさんの動画をYouTubeでいつも見ていたのですが、最近見られなくなりました」って。よくわからないのですが。

保江　それは、どこかの機関にチェックされているのじゃないですか。アメリカとか。

バーディー　僕のスプーン曲げを見ても、それは宇宙のパワーだと言う人がいれば、これは波動を使っていますねと言う人もいます。

保江先生のように松果体にビリビリ来ましたという人もいれば、気功ですねという人もいるでしょう。

だから、僕は最近、お客さんに「何が好きですか?」と聞くのです。

響　「何が好き」というのは？

バーディー　「今からスプーン曲げをやりますが、どんな力が好きですか？」と聞くのです。「私は波動を勉強しているのです」と言われると、「じゃあ波動で曲げます。私の手から波動が出ます」などと言って。

保江　上手に言うものですね。

バーディー　なんでも一緒なんですよ、気も波動も。要はスプーンが曲がればいいのですから。

「素粒子の意思」――異世界からのメッセージ

響　僕はよく、どこからか、メッセージを受け取るのです。僕は「素粒子」という言葉は嫌いなのですけれど、ずっと「素粒子の意思」「素粒子の意思」と聞こえてくるのですよ。

バーディー　それは何なのでしょうね。メッセージというのは、どのように受け取るのですか。

響　言葉として聞こえることもあるし、映像として見えることもあります。

3年前、息子が病気で死の淵に立ったことがあって、そのとき、生きていることが嫌になったのです。

「僕の命はいらないから、息子だけ助かってくれればいいな」とずっと考えていたのですが、その頃から、いろんなメッセージが降りてくるようになりました。

僕が考えもしないことを伝えてくる……「素粒子の意思」と。

バーディー　そのメッセージは誰が伝えてくるのですか。

響　わからないのです。夢で見ているわけでもなく、ずっと「素粒子の意思」という言葉が頭に残るのですよ。

「もういいから、わかったから。それで『素粒子の意思』とは何なの」と聞いてみると、「みんなが言っていることは全部、『素粒子の意思』なのだ」と言うわけです。

たとえば、ハイヤーセルフとか引き寄せの法則とか、宇宙の御霊などといいますよね。あれはもともと素粒子の意思で、人間の科学では及ばない、いわゆる「神」からの意志を伝えているのだそうです。

人それぞれが生きてきたバックグラウンドによって感じ方が異なるけれど、全て「素粒子の意思」を聞いているだけだということのようですね。

バーディー　保江先生、何でしょう。「素粒子の意思」というのは。

保江　素粒子というのは、今の物理学の最先端の考え方で言うと、スーパーストリングセオリーでもいいし、素領域理論でもいいのですが、空間を作っている泡、あるいは紐、膜、そうしたものがエネルギーを持っている状態を素粒子だと我々は考えています。

だから、泡から泡にエネルギーや振動が伝わっていくことを、素粒子が動いたと認識しています。

素粒子というのは実態があるわけではなく、エネルギーのみです。

つまり、「素粒子の意思」というのは、空間の最小単位が持っている意思であって、エネルギーが移動するときには、そこに実際、意思が働いているのです。

以前、バーディーさんにスプーン曲げを見せてもらったときに、「割り箸は曲げられますか」と聞いて近くにあった割り箸を曲げてもらったことがあったでしょう。

バーディー　あのときは曲げましたね。

保江　現実の世界では、スプーンは金属だから曲がった状態でも許されるのですが、木を乾かした割り箸は曲がった状態でいることが許されないのです。

ところが曲がったので、僕も「本当に曲がるのだ」と思ったらバーディーさん自身も、「本当に曲がるのですね」と言って驚いていました。

その場にいた僕の秘書と、3人でびっくりしていたのですが、みんなが正気になった瞬間にパリンと割れてしまいました。

この世界では、割り箸がくにゃりと曲がっている状態はあってはいけないことだ、とあらためて認識したから割れたのです。

では、なぜそんなことが起きるのかというと、素粒子、鉄の原子、木を作っている炭素の原子、原子核、中の電子、そうしたものが物理の法則に従ってくっついているのがスプーンであり、お箸です。

スプーンは、大きな力を加えれば曲がりますが、お二人のように軽くさするだけで曲げるというのは、物理学の常識ではありえないのです。

それは、空間のほうを変えているからできるのでしょう。

空間の中にエネルギーがあるのが原子核の中の素粒子ですから、素粒子が乗っている座布団を変えているだけです。座布団の上に乗っている素粒子は何も変わっていません。

鉄などの金属は、曲がった状態でいることが可能で持続できますが、炭素の原子核は物理の法則で曲がった状態でいることはあり得ないから、すぐにその状態を解消しようとして、割れて砕け散った状態に移行するのですね。

だから、響さんがおっしゃった「素粒子の意思」というのは、空間の最小単位の意思です。スーパーストリングの意思、あるいは素領域の意思だと思います。

バーディー　素粒子に意思があるというのは驚きです。

保江　アメリカ人の物理学者の中に、素粒子というのは実は小さいUFOだと言った人がいるのです。ノーベル賞候補にもなっているような優秀な物理学者ですよ。

彼が言うには、素粒子には小さい宇宙人が一人で乗り込んでいて、その意志で素粒子を動かしている。

つまり、UFOを動かしているということで、私たちは、素粒子であるクォークがこう作用するとか言っていますが、それはそう思っているに過ぎないということです。

たとえば、量子ゼノ効果という現象があります。

電子が原子核の周りにいて、放っておくとエネルギーを放出して、エネルギーが低い方向に落ちるのですが、何らかの装置で人間が観測し続けていると落ちないのです。そして、観測をやめた途端に落ちてしまいます。

子供たちがやっている、だるまさんが転んだという遊びと同じで、見られている間は同じ位置を保っているのです。

誰も見ていないときにいたずらするような、素粒子はそういう動きをします。

それを理解するには、素粒子は小さいUFOで、その中に宇宙人がいて、見られていたら嫌だからじっとしていると考えるとしっくりくるのです。

響　確かに、そう考えたくなる気持ちもわかります。

素粒子と素粒子をぶつけようとすると、意図的に、意思を持って逃げていくんでしょうか？

保江　去年の12月に発表されたノーベル物理学賞では、量子もつれ効果が実在するということを突き止めたヨーロッパの３人の物理学者、実験家が選ばれました。

量子もつれ現象がどういうものかというと、２つの電子が一度でも、ぶつかるなどして相互作用したら、その後、宇宙の端と端、１３８億光年の2倍ぐらい離れていても、片方に起きたことがもう片方に影響する。瞬時に影響が及ぶということです。

でも、これは男女でも起こることですよね。

僕がある女性と親しかったとして、男女関係が何もなければ、その女性が北海道に行き、僕が沖縄に行ったときに、北海道で女性が大けがをしたとしても、何も感じません。

ところが一度でも男女の関係があれば、彼女が北海道で事故に遭ったら、胸騒ぎというか、虫の知らせというか、何かを感じることがあるわけです。

バーディー　なるほど。ハイヤーセルフが知らせるというような。

僕が昔、催眠術の教室に通ったときに、最初に行ったところはすごくスピリチュアルだったのです。

「催眠術を習いたいのです」と言ったら、

「じゃあこの椅子に横になってください」と言われて椅子に座ると、相手は椅子をリクライニングさせて、

「目をつぶってください。数を数えます。20、19、18、17、深い催眠状態に入っていきます」と言うのです。

「扉を開けるとあなたのハイヤーセルフさんがいます」と言われたときに、

「ハイヤーセルフさんって誰やねん」と思いました。

知らなかったのですよ、ハイヤーセルフという言葉を。

「あなたのハイヤーセルフがそこにいます。どんな姿をされていますか」と聞かれたのですが、

「知らんがな」と言ってしまいました。

響　催眠術的にも間違っていますよね、それは。

バーディー　大間違いです。だから催眠術とスピリチュアルは紙一重のところがあると思います。

さらに続きがあって、

「横の扉を開けると、インナーチャイルドがあなたのことを見つめています」と言われて、「どんな格好をしていますか？」と聞かれたのです。やっぱり、「誰やねん」と言ってしまって、催眠中に怒られました（笑）。

でも、そういうことを信じている方にとっては、絶対的な真実なのですよね。

催眠術ではありませんが、先日、食べ物から人体まで酸化や糖化による劣化を防ぐというプレートを紹介されました。

保江　触ると劣化を防ぐというものですか？

バーディー　特殊なセラミックのプレートのようなものです。

それをわざわざ、僕の店にまで持ってきてくれた人がいて、「これを使うとコロナウイルスが寄ってこないのです」と言うわけです。

「ほかに何かできるのですか？」と尋ねたら、

「この上に氷を置いたら瞬時に溶けます」と。

「セラミックの上に氷を置いたら溶けるでしょう。フライパンの上でも溶けますよ」と言ったら、

「違います、もっとすごいのです。水を置いたら塩素などが抜けて浄化されるのですから」と。

ビールは炭酸が抜けて味が変わってしまうので、ビールは置かないほうがいいそうです。

そこで、僕は小さなグラスを３つ用意してビールを注ぎ、

「プレートの上に置いたビールを当ててください」と言ったのです。

やってみてもらったら、３回やって３回とも外れました。

すると、相手の人は、
「今日は僕の味覚の調子が悪いな」と言う。
そのプレートは、1個5万円以上したそうですよ。

保江　そんなに高い値段で売っているのですね。

バーディー　その人は自分の家でそのプレートを使って、「すごい、食材の味が変わった」とか言っているわけですよ。
それがただの思い込みなのか、素粒子的にその人の意思で変わってしまったのか、どちらなのかを調べたら面白いなと思いました。

保江　そういうのが今、けっこう売れているのですよね。
波動とかいって、高いのですが人気があるそうです。

現実化するイメージ、現実化しないイメージ

響　僕は、映画『地球交響曲（ガイアシンフォニー）』3番に出ているボブ・サムというシャーマンと会ったときにいろいろ変わりました。

パフォーマンスをする考え方がガラリと変わって、それからシャーマニズムをいろいろ研究するようになりました。

バーディー　僕はどちらかというとスピリチュアルなものにすごく懐疑的なので、懐疑論者ですね。実証がないと信じません。

保江先生は、みんなが盲信的に信じているものを理屈で語る方だから、まだわかるのです。

「イメージしたら願いは叶う」と言う人がよくいるでしょう。でも、なぜそれで願いが叶うのか、だれも説明できません。

そういう人は「イメージ、気持ちが大事です」と言うのですが、なんだか、もやっとしますよね。

保江先生にそう話すと、

「日本古来、前祝いという文化があってだね」という話をされますよね。

「過去の量子と未来の量子があって、それが関連して」という話をされて、「こういう事例がある」という説明をしてもらえると、僕も腑に落ちます。

ただ、単にスピリチュアルなことを信じているだけの人の話は聞く気にならないですけど。

響　僕が小学校5年生のころ、ある2つのイメージトレーニングをしていました。

1つ目は、キャンプファイヤーの火をイメージして、手をかざしているというものなのですが、しだいに手が熱くなっていくのです。

時間が経つうちに本当に熱くなって、顔まで熱くなり、最後は顔を背けないと耐えられなくなります。

2つ目は、空の浴槽に栓をして、そこに1滴ずつ水を垂らしていくのをイメージするのです。少しずつ水滴が溜まってきて、水面ができ、浴槽から水が溢れるまで長時間にわたってイメージし続けます。

それをしていると、現実化するイメージと現実化しないイメージというのは明らかに違うということがわかったのです。

僕は小学生のとき、塾で一緒だった女の子とちょっとだけ付き合っていたことがあるのですね。でも、中学校が別々になり、会う機会がなくなったのですが、中学校2年生のときに無性に会いたくなって。

「会いたいな」と思っていると、ふと再会するイメージが飛び込んできたのです。

いつも降りるバス停の1つ手前のバス停で降りて、図書館のほうに向かって歩いて行くと、向こうから彼女が来て、偶然に会うことができるというイメージでした。

それが、あまりにもイメージトレーニングしているときの感覚と一致していて、現実に起こるような気がしたので、1つ手前で降りてその道を歩いていくと、向こうから女の子が来たのです。

彼女に間違いないと思って、思わずかなり遠くから手を振りました。

彼女はかなり近づいてから僕に気付いたのですが、

「あんな距離から、私だってわかったの？」と聞くので、

「見えたわけじゃないけれど、ここを通っていたら今日会えることがわかっていたから」

と答えて。

バーディー　下手したら、ストーカーだと思われますよ。

響　彼女は、

「私がこの道を通ったのは偶然で、普段は通らない道だから、わかるはずがないのだけれど」と不思議そうな顔をしたのですが、

「まあ、今日はなんか会える気がしたんだ」みたいな話をしました。


だから、僕にとってのイメージというのは、ほかの人たちが言っているような、「頭の中で幸運を想像したら必ずいいことが起こる」というようなものではないのですね。

ずっとトレーニングを重ねて、現実化するイメージと現実化しないイメージの違いがわ

かった上で見た映像ですから。

イメージするというのは、みなさんが言うような簡単な世界ではないと思います。

バーディー　現実化するのか、しないのか、どこに境界線があるのですか？

響　たとえば、カウンターの向こう側に何があるかなど、イメージと現実に寸分の違いもないのですよ。

表面だけのイメージではなく、そこに何が置かれているのかまで全て具体的にイメージできるかどうか、という点ですね。

保江　そういうことですか。細かい個所までもきちんとイメージできているものは現実化するのですね。

響　そうです。そういう不思議な体験をしてきて、「素粒子の意思」という話もそうなのですが、後から考えてみると、いろいろなことの辻褄が合ってきます。

なぜ「素粒子の意思」が聞こえるのかということを自分なりに考えてみると、第一人称で物事を考えなくなったからです。自分中心で物事を考えなくなったのです。

もう僕は息子のことが心配で、もう自分なんてどうでもいいと思っていて、今もそうなのですが。人と対決する気がないというか、僕はどうでもいい、相手がよければいいなと思っています。

誰かに勝ちたいという欲求もなくて、女性に対しても、この人といい関係になりたいという欲求もありません。

保江　そこが僕たちとの大きな違いですよ。

響　息子が死にかけてから、この3年の間の話なのですけれど。

引き寄せの法則といった、幸運を引き寄せる方法の本を読んでみると、著者はみんな自暴自棄になって自分を捨てた時期があるのです。

そのときに見た映像が全部現実化したから、引き寄せの法則なんて言っていますが、その後のことは全て自分が頭の中で作ったことを本にしているのですよ。

本当は、そのときは「素粒子の意思」を聞いていたけれど、いつしか自分の意見や考えを聞いてしまっている。

だから、「素粒子の意思」とはかけ離れた思いになっているのです。

最初の切っ掛けとなった体験は本物だったのかもしれない。

けれど、ほとんどの本では、それ以降の体験が作り話なのですよ。その人の頭の中で作り上げられているのです。

自分のことが嫌になって自分を捨てた時期に、悪いイメージが見えて、それが現実化するという体験をしたために、逆に頭の中で良いことを考えたら、それも全て現実化するのだという妄想に走っているのだと思います。

バーディー　先日、Facebook に引き寄せの法則セミナーという宣伝が流れてきたのです。

「残席あります」って書いてあったのですけど、どうして残席があるのだろうと思って。満席になるように、自分で引き寄せたらいいのに。

響　本当ですよね。全然、引き寄せられていない。

バーディー　じゃあ、僕もイメージしてみます。

僕の店に来て、コーヒー1杯でマジックを見て、最後、募金箱に皆さんが5000円を入れる。僕は、募金箱に5000円入れて帰った皆さんが幸せになるというイメージをしておきます。

「マジック代として、募金箱に5000円入れて拝んで帰った方は幸せになるイメージをしておきます」と本に書いたら、5000円入れて帰るでしょう。「信じるか信じないかはあなた次第」ですが。

まあ、信じていることが現実化するということは、実際に起こり得るのですが、さきほどのセラミックプレートのような疑わしい話もあります、先日来店したおばあちゃんも、紙の御札のようなものを大切にしていたのです。「気功の先生が気を通してくださったもので、7000円で買ってきたのです」と言っていました。

「気を通すって、どうやるのですか？」と尋ねたら、「手のひらの上に置いた紙が、反り返ったのです。先生の気を、私はこの目で見たのです」というわけです。

でも、マジシャンなら、紙が反った理由もわかるじゃないですか。

響　まあ、そうですね。

バーディー　手の上に置いた紙は反るのですよ。湿気でね。これは物理ですよ。千円札を置いても反りますから。

そうしたところに、スピリチュアルの世界の危うさをものすごく感じます。

僕は基本的には懐疑的なのです。なんでもかんでも波動と言われてもね。

スプーン曲げにしても、見ている人はさまざまなことを言いますよ。電気がビリビリと走っているのが見えたという人もいるでしょう。「熱いです。すごいパワーを感じます」と言う人もいます。

その人の中でスプーン曲げに対して抱いているイメージが、現実化するのだと思います。だから僕は、これは暗示や催眠の世界と近いと思っています。スピリチュアルな世界とは、そんなことから成り立っているのかなとも。

実際に椅子から立てなくなる人がいるのは、そういうことなのです。「レモンが甘いですよ」と言ったら甘く感じ、「ビールがすごく苦くなりました。まずいですよ」と言うと、口にした途端、「うわっ苦い、本当に飲めない」と言って吐き出す人もいます。本人の中では、本当にそれが起こっているのです。

それは別に、僕が素粒子を操っているとか気を送っているわけではなくて、僕がやったことに対して、お客さんがそれを受け入れてイメージしたために、現実として味覚が変わったり、椅子から立てなくなったり、力が入らなくなったりということが起こるのです。

医学的にいえば、プラシーボ効果ということで説明がつくのでしょうが、大切なのは、その先の部分ですよね。

頭でイメージしたらその人が向こうからやってくるとか、「あいつ、元気にしているのかな」と思ったら、その人からの電話がくるということが、しばしば起こります。

その部分が、スピリチュアルです。上澄みのほんのちょっとした部分なのですよ。でも、だいたいのマジシャンは、ビールの味が変わるぐらいのところで終わっているのです。

その上の、本当に不思議な上澄みの部分が面白いのですけれどね。

ビールの味は、思い込んだら変わります。セラミックプレートだろうが、波動が出ているコースターだろうが、その上に置いたら味は変わるのです。

人間に変える力があるからです。その先のちょっと不思議な部分については、保江先生が解説してくださるとおりですね。

でした。

シャーマンに導かれたリアルファンタジーは、本当の愛の実践

響　足利市に行って、2日間で4回のショーをやったときに、ある小学校2年生の女の子が見に来てくれたのです。彼女は両親や弟と一緒に来ていて、1日目の2回目のショーのこと

そのとき、僕はお客さんが選んだカードを、5枚の中から当てるというマジックをしていたのですが、不思議なことにその子が僕が当てる前に、ことごとく当てるのです。

まだ僕がカードを広げる前、5枚まとめて手の内にある状態でわかったと言う。

「間違いない、3枚目にあります」と言うので、広げていくと本当に3枚目にありました。

5枚に留まらず、32枚のカードを使っても、100%当てていきます。

両親もすっかり興味を持って、翌日も学校を休ませてまでショーにやってきました。

1回目のショーでも彼女は全部当ててしまったので、さすがに2回目のショーでは、

「今回は、わかっていても黙っていてね」とお願いしました。

七田チャイルドアカデミーの七田眞先生とお話したときに、波動速読法というものを教えてもらったことがあります。

ドイツ語が読めない子供たちにドイツ語の本を渡し、真っ暗な部屋の中で読んでもらうのですが、部屋から出てきた子供たちに何が書いてあったのかを聞くと、その内容を話し始めるそうです。もちろん、ドイツ語がわからないのですから、日本語でです。

暗闇の中では、目をつぶってページをめくるだけなのですが、七田先生によると、ページをめくることによって、本に書かれていることの波動を子供たちは感じているというのです。七田先生は、波動速読法について多くの実験をしていて、かなりの子が結果を出しているとのことでした。

僕のショーで、カードを当てる女の子に会ったときに感じたのは、「僕たちは何のためにパフォーマンスをすべきなのか」ということです。

その答えを教えてくれたのが、『地球交響曲（ガイアシンフォニー）』3番に出ていたシャーマンのボブ・サムです。

ボブ・サムが来日したときに、たまたま足がないということになって、僕が広島から島根まで車に乗せてあげたのが縁だったのです。

そのとき、ボブが僕に興味を持って、

「そんなに不思議なことができるのだったら、僕の講演が終わった後の懇親会で2つか3つ、君のパフォーマンスを見せてくれないか」と言ってくれました。

「お安い御用です。やりますよ」とパフォーマンスを見せたら、すぐに、

「ちょっと来なさい」と別室に呼ばれて、

「君のパフォーマンスはすごいけれど、目的を見失っている」と言われたのです。

「何のためにパフォーマンスを見せているのだ。目的がないだろう」って。

「君の一番の役割は語り部なのだから、みんなにメッセージを伝えることが君の本来の仕事だ。それなのに君はパフォーマンスとしてすごいことを見せ、どうだ、すごいだろうと言っているだけだ。そこに何の目的もないじゃないか」と諭《さと》されたのです。


よく考えたらそうだなと思って、そこから考え方が変わりました。

何のために、何の目的でパフォーマンスを見せるのだろうと考えるようになったのです。

保江　それで響さんは、ショーの最後にいつも語ってくれるのですね。リアルファンタジー、人生に行き詰まったときに思い出してくださいと。

響　僕が言うリアルファンタジーには、みなさんに語っている部分とまだ語っていない部分があるのです。

僕は、自分がやっているショーをリアルファンタジーと呼んでいるわけではないのです。リアルファンタジーというのは、全ての人が持つ輝き……、それがわずかであったとしても、その輝きによって僕が照らされ、僕が光っているように見える世界です。僕自身は、光を全く発していないのですよ。

僕は太陽ではなくて月。みんなが光っているから、その光をいただいているのです。

もし僕が光を強く放っていたら、周りで光っている人たちのわずかな光を消してしまうのですね、全ての光を奪ってしまう。

そうであってはいけないというのが、リアルファンタジーの考え方です。それぞれが、それぞれに輝いていることによって自分を照らしてくれている世界。そんな世界なら、争い事もなくなるはずです。

保江　まさに愛だ。最初に教えてくださった、本当の愛の実践ですね。

響　太陽も、もちろんいいと思うのですよ。

光が当たらない部分に光を当ててくれる太陽のような存在がいてもいいとは思うのですが、僕のリアルファンタジーの世界は月です。

自分は余分な輝きを持ってはいけないというのが僕のリアルファンタジーの考え方で、みんなが笑顔であれば、僕もその場で笑顔になれるし、みんなが笑顔でなくなれば僕も笑顔ではいられないのです。

バーディー　そういう話をされると、僕が志の低い人間に思われるじゃないですか。

保江　いやいや、それは僕だって同じことです。

響　でもね、お二人とものすごい光を放っているじゃないですか。

バーディー　じゃあ、僕の場合は笑顔にするために、みなさんを照らしたいということで。

響　僕がそうした考えに行き着いたのは、シャーマンたちのおかげなのです。
自分だけで何かを感じ取って今の考えに至ったわけではないので。

バーディー　ボブですね。

響　ボブだけではなく、ケサップさんというシャーマンともそのときに出会ったのです。
ちょうど、彼は店の向かい側にある集会所にいたそうなのですが、僕が来る前から、
「今日、向かいの店に面白いやつが来るぞ」と言っていたそうです。
「あいつは俺と一緒に前世でシャーマンをやっていたから、仲間だ。よく知っているよ」

という話で。

保江 そのシャーマンというのは、どこの国の人ですか。

響 ボブはアラスカのシャーマンです。

彼らの言葉や行動が、なぜか心に響きます。

彼らの考え方として、僕たちが考える日常は彼らから考えれば非日常であって、彼らが考える日常は僕たちが考える非日常ということです。だからよく、

「なぜ、お前たちには風の声が聞こえないのだ」と言います。

「なぜ、お前たちは木々が語りかけてくるのが聞こえないのだ。ここでたくさんの人が死んでいるのに、なぜその悲しみの声が聞こえないのだ」と。

木や森の言葉を聞くことができる人々

保江　知り合いに、切り倒される木の痛みを感じたことがあるという女性がいます。

小学生の頃によく家の裏の小さな森で遊んでいたのですが、あるとき、宅地造成ですべての木が切り倒されたそうです。

そのとき、切り倒される木と森の気持ちや、痛みがわかったというのです。

母親にそのことを訴えたのですが、母親はたまたま一冊の絵本を買ってくれていたそうです。

それが、木や森には妖精がいるという内容で、アラスカの原住民の言い伝えを絵本にしたものだったということでした。

響　クリキッド族の言い伝えですね、おそらく。

保江　彼女はその後、名古屋にある私立大学に進んで、木や森の気持ち、声を聞ける人を探そうと、アラスカに行きました。

すると、偶然、アラスカのシャーマンに会えたそうです。そのシャーマンに、「日本から来たのですね。日本や太平洋を取り巻く環太平洋の島々には、私たちのように木や森の声を聞く人がまだ残っています。だから、その人たちを訪ねなさい」と言われて、彼女は本当に日本を始め、各地を尋ねて回りました。

結局、はっきりと木や森の声が聞こえるという人とは巡り会えなかったのですが、その最中に、東ティモールがインドネシアから独立することになったというニュースを聞いた彼女は、「東ティモールに行かなきゃ」と思ったそうです。

そして、何の予備知識もなく東ティモールの独立式典に行ったのですが、そこに現地の子供を集めて歌を歌っている人がいて、彼女はその歌に引かれました。

それをきっかけに、彼女は東ティモールの人たちと交流していきます。

彼らの概念には、敵という言葉がありません。

東ティモールは長くポルトガルの植民地で、１９７０年代以降はインドネシアの支配下となり、さまざまな抑圧を受けてきました。

それなのに彼らには「敵」という概念がないので、インドネシアの兵士のことを、「もともと一緒なのに、今たまたま道を違えている人たち」と呼んでいたのです。

インドネシアの兵士でも、けがをした人は介抱し、男性に対しての呼び方である、「お父さん」と呼んでいました。独立を求める自分たちの仲間は撃ち殺され、とんでもない虐待をされたのにも関わらずです。

それで、インドネシアの兵士の中にも、「彼らはいい人たちだから」と心情的に応援する人も現れ、最後は国際的な圧力もあって独立を達成できました。

彼女はそうした経緯と、自他融合している東ティモールの人たちの生き方を知り、「これが唯一、世界平和につながる生き方ではないか」と感じて、大学4年生のときに映画製作を思い立ちます。

放送局に行って、いらなくなったテープをもらってきたりして、自力で作り上げたのが『カンタ！　ティモール』という映画です。

そのきっかけは、シャーマンの、「木や森の言葉を聞くことができる民が環太平洋にはいる」という言葉でした。それが、映画作りにつながったのです。

ですから、響さんと彼女には、共通点がありますね。

彼女が作った映画はその1作だけなのですが、今も映画の上映会をしながら、全世界に東ティモールの人々の生き方を伝えています。

広島の響さんのお店に、バーディーさんのお店に来るような突拍子もないことを言う人が行かないのは、アラスカのボブさんが伝える思いが浸透して、それを実践している場だからだと思います。

バーディー　まあ、僕の店はマジックカフェですから、ショーを見て楽しんでもらったらいい。僕には高尚な思いはないですよ。

保江　いいのですよ、それで。どちらも、それでいい。

バーディー　僕はみんなを笑顔にするために、日々精進しています。

保江　バーディーさんのところに行って、思う存分楽しむ日があれば、響さんのところに行って、自分の人生やあり方を振り返ってみるとか、それでいいのですよ。

マインドハック、ブレインダイブ、メンタリズム、リアルマジック――マジシャンのパフォーマンスのさまざまな呼び方

バーディー　僕の店に来たお客さんには、最初に必ず「マジックはお好きですか？」と尋ねるのです。

するると、7割8割ぐらいは「いや、初めてです」と答えます。

「じゃあ、何かで見て、来られたのですか？」と聞くと「保江邦夫さんの紹介で」と。

「そうですか、じゃあスプーンを曲げましょう」という流れは、それは多いですよ。ありがたい話ですが。ただね、

「バーディーさんは波動の修行とかされたのですか？」

「宇宙とのコンタクトがあるのですか？」

「私が来ることはわかっていましたか？」なんていう質問をされるのです。

ちょっと異質な感じを受けます。

この間は、以前に店が見つからなかったというお客さんがいらして、

「結界を張っておられましたか？」なんて言い出す。

「前回は、私は呼ばれていなかったのですか？」って。そんなものは張っていないですよ。


それに、僕の店で出す料理は、ほとんど冷凍したものを解凍するだけです。パスタは電子レンジで4分、ホットケーキは1分です。

ところが、先日来た女性は帰り際に、

「バーディーさん、わかっていたのでしょう」と言うのです。

「何がですか？」と聞き返すと、

「私がホットケーキを頼むことまでバーディーさんはわかっていたはずです。そうでなければ、ホットケーキがあんな速さで焼けるわけがない」って。

「どうでしょうね」とごまかしておきましたが、これも保江先生のおかげです。

保江　夏場には、冷やし中華をメニューに入れておいてください。今、冷凍食品の大手メーカーから電子レンジであたためる冷やし中華が出されているのですが、わずか2、3分で仕上がるのです。

麺はちゃんとしたやわらかさになっているのに、冷たくて、氷も乗ったままで。

バーディー　それはすごいですね。

保江　電子レンジでは氷は解けないので、それを利用しているのですね。

バーディー　氷は固体だからですか。液体だと分子が振動して熱が生まれるけれど、氷の場合は分子が動きにくいという。

保江　そう、固体の氷では分子が動かないから、熱くならずに氷が溶けない。だから麺だけ解凍されて、氷はそのまま残るのです。
初めて見た人は、みんなびっくり、感動しますよ。まるでマジックのようだと。

バーディー　それはいいですね。「これがリアルファンタジーです」と言ってやってみよう。

響　リアルファンタジーという言葉は便利ですよ。
「それは波動の力なのでしょう」とか、
「これは素粒子を使っていますね」とか言われたときに、
「いや、これはリアルファンタジーです」と言えますから。

バーディー　僕も何かいい名前を考えないと。
マジシャンそれぞれ、そういう呼び方を持っていたりしますよね。マインドハックやブレインダイブ、メンタリズム、リアルマジックというのもありましたね。

響　リアルマジックは、もともと僕がずっと使っていたのです。でもRYOTAさんがリア

ルマジックという言葉を使い出したから、

「じゃあ、僕はリアルマジックを降りるね」と言ってリアルファンタジーと言い始めたのです。

保江　バーディーさんなら、リアルバーディーとか、ナイスバーディーとか。

バーディー　それはちょっと、かっこ悪いですよ。

昔、僕がテレビに出たときに、

「新子景視《あたらしけいし》さんのブレインダイブは僕がアイディアを出したのです」と話すプロデューサーがいました。

「バーディーさんにも何かアイディアをあげましょうか」と言うので、

「じゃあ、お願いします」と答えると、

「マジックが成功したら、ナイスバーディーと言ってガッツポーズするのはどうですか」

と言われたのです。

「ダサい。いやです」とお断りしました。

響　でも、ナイスバーディーはいい響きですよね。

バーディー　もうちょっとミステリアスなのがいいですよ。リアルファンタジーはミステリアスでいいじゃないですか。

僕は、「メスメリズムです」というのを流行らせようとしたときがあったけれど、全く流行らなかったです。

保江　メスメリズムはちょっと古すぎますよ。今は、学者でもほとんど知らないでしょう。

メスメルが唱えた動物磁気説ですよね（＊人間や動物、植物までも含めた生物が持つとされる、目に見えない自然の力に関しての学説）。

響　そういう言葉って、時代に合うかどうかもありますよね。

僕が35年前、メンタリストとしてテレビに出たときは、全然メンタリストという言葉が人々の心に響かなかったのです。ほとんど受け入れられなかった。

バーディー　当時はね。あれだけメンタリストという言葉を流行らせたDAIGOは偉いですよ。

響　僕は当時、広島のローカル番組に出ていたのですが、「メンタリストって何？」という感じで。

それが、今ではかなり認知度も上がっていますね。

バーディー　響く響かないは、時代の雰囲気もありますから。

響　メンタリストという言葉は全然響かなかったけれど、パフォーマンスだけは世界中で受け入れられました。

素手で蛍光灯をつけるというパフォーマンスを、世界で初めてやりました。

テレビ局に蛍光灯だけ用意してもらって、素手で握ると点灯するというパフォーマンスをしたのです。

バーディー　空間を切り取ったのですか。

響　空間は切り取っていないですね、その当時は。
中で電子が動けば蛍光灯はつくので、そんなたいそうなものではありません。

バーディー　下敷きでこすってもつきますよ、きっと。

響　そうです。

保江　静電気が起きればね。

響　でも35年前には、けっこう話題になったのです。

バーディー　僕なんか、まだマジックのマの字も知らない頃ですね。

最近は、メディアからは誘われないのですか。

響　いや、広島の民放にはずっと出ていますよ。年間、多分10回ぐらいはコンスタントに出ています。ここ3年間は1回しか出ていないのですが。

死生観と宗教

保江　ところで、お二人は、どんな死生観をお持ちですか？

響　死生観はとても重要ですね。そこをはっきりと軸に持っていないと、何も進まない。人は、潜在意識としては死ぬことは怖くないのです。ただ、やり残すことが怖いのですよね。

保江　なるほど、確かにそうです。それと、顕在意識としても死ぬのが怖くないという人は強いでしょう。

死ぬのが怖くないと100%思っている人ほど強い人はいません。

バーディー　宗教的な面からも言えますよね。

余命宣告されても、転生を信じていれば「次の人生が楽しみです」とか言えます。

でも、何も信じていない人は慌てます。「死にたくない。死なずにすむためには、どうしたらいいいだろう」とか考えるじゃないですか。

病院の関係者に聞いても、宗教心がある人は、

「今世のお役目が終わったのですね」と言って、落ち着いて最期を迎えるといいます。

そうしたことを考えると、科学的ではない不思議な話やスピリチュアルな話、宗教的な話も必要なのだろうと思います。

響　宗教団体が存在せず、宗教心だけで人がつながってくれれば、世界は1つにまとまっていけるのではないかなと思うのです。

バーディー　宗教的なものはどんどん薄れていきます。

昔はわからないものすべて神様が起こしたことでした。

雷が落ちても、津波や地震もすべて神様が起こしたことでした。


それがここ１００年、２００年で、そうした不思議なことにも科学的な説明がつくようになり、ほとんど覆ってしまったわけです。

ＵＦＯだっていずれは説明がついて、存在するかどうかなんて言い合うこともなくなるでしょう。今はＮＡＳＡが写真を出していますからね。

響　しかし、神事がなくなってきているのはちょっと問題だと思うのですよね。

保江　そうですね。神秘的なものがなくなっているような気にさせられています。

本当は神秘的なものが数多くある。そもそも、なぜ生きているのかといったこともそうです。

僕がいつも疑問に思うのが、なぜ、みんなは平気で夜に寝られるのかということです。寝たまま、次の日に目が覚めない可能性だってあるのに、なんの恐れもなく寝るでしょう。

当たり前のように、次の日に目が覚めると１００％信じていますよね。

それぐらい信じ込めるのであれば、スプーンだって曲がるし透視もできるのではないかと思います。

バーディー　そういう神秘的なことについては、まず考えないのですよね。常識的な人の多くは、そんなものはあるわけがないと考えている。

でも、宇宙はどうやってできたのですか？　宇宙が広がっているというのはどういうことですか？　と聞いても、誰も確かなことは答えられません。

地球がずっと回っているのは、どういう力で回っているのですか？　重力って何ですか？　などと、突き詰めれば説明がつかないものはたくさんあるのに、多くの人は不思議なことなどひとつもないという「常識」にとらわれて生きているのです。

だからこそ、マジックも成り立つと言えるのですが。

人々が不思議なことなど起こらないと思っているから成り立つのであって、「そういうこともあるよね」と言われたら、マジシャンは立つ瀬がありません。

スプーンを曲げてみせて、

「そういう力をお持ちなのですね。わかりますよ」なんて言われたら、マジシャンなどという商売はできませんよ。

「すごい、どうしてこんな不思議なことが起こるの？」

「こんな現象は見たことがない」と言われるから僕らも商売になります。

それは、もともと不思議なものをみんなが信じないからです。

保江　そうなのです。だからマジック、超能力というジャンルとUFOといったジャンルは似たようなものなのです。

僕が響さんやバーディーさんは、本当に超能力ですごいことをやっているといくら言っても、バーディーさんの店には思い込みの強い人ばかりやってきて、単純に不思議なことを楽しむ人はあまり来ない。

その理由は簡単なことで、普通の社会生活を送っている普通の人たちは、「マジックと言えば、必ずタネや仕掛けがあって、ショーとしてやっているだけだ」と思っているのです。

不思議に見えても何かタネがあるのだと信じ込んでいる普通の人たちにとって、マジックはそんなに興味が湧くものではないのです。

バーディー　そうですよね。

保江　だから、一般の人たちが、人間の底力や信じることによって生まれる力に興味を持って、真剣に考えるきっかけになる本がほしいと思ったのです。

それで今回、お二人にお願いしました。お二人は昔の剣豪みたいに、「いつでも店に来なさい。さすれば披露してしんぜよう」という姿勢ですから。

超能力者が求める本当の不思議

バーディー　最近は、超能力にとても興味があると言われるお客さんに、「あなたの周りに超能力者がいますか？」と聞くのです。

マジシャンとしてやっていることはだいたいわかるし、初めて見るものでも、「これはマジックだな」とだいたいのことは把握できます。

だから、「もし、周りに超能力者がいたら連れてきてください」と言います。

たとえば、「私の知り合いがスプーンを曲げられるのです」と言うのであれば、僕の目の前でスプーンを曲げてみてほしいと。

それを実際に見れば、僕も「これは超能力ですね」と言えるのですが、誰も来ないのです。


人の心を読めます、スプーンを曲げられますという人がもしいるのなら、僕の店に来て、目の前でやってみせてほしいのです。

もし本物の超能力者がいれば、僕は大々的に「この人は本物です」と言いますよ。

でも、誰もマジシャンの前ではやりたがらないのですね。

保江　確かにそうですよ。超能力ハンターとして、僕とバーディーさんと作家のさとうみつろうさんとで、超能力者をネットなどで募っていますよね。
僕の東京の秘書が窓口になっているのだけれど、彼女によると「これはダメだ」という人しか来ないそうです。

バーディー　そうしているうちに、本当に超能力者が1人でも2人でも見つかれば、大々的に紹介するのですけれど。

マジックの世界でも、超能力のように見えるものが本当に多いのです。マジックの世界大会などでも、超能力マジックを競う部門があるくらいです。

その中で、ステージ上にドレスを着た女性が目隠しをして座っていて、パートナーの男性が客席のお客さんから私物を借りて、何を借りたか当てるというものがありました。

たとえば、男性が借りた免許証を手にして、女性にテレパシーを送ると、女性が、「数字が見えます」などと言って、免許証の番号を当てるとか。

当然、2人の間に無線機らしきものはないし、最後には男性がたばこを吸うと、女性の口から煙が出てきました。

マジックの世界でも、超能力ジャンルはすごく発達していています。

マジシャンの大会ですから、客席にもおおぜいのマジシャンが座っています。それこそ、これは超能力と言われたら、本当に超能力ということになるでしょう。

でも、マジシャンの大会ですから、何かタネがあるはずなのです。

客席の仕込みではないし、電子機器は一切使っていないとも言っていました。

正直なところ、僕らプロが見ても、全く仕掛けがわかりませんでした。それはそれで、すごいことですよ。


響　むしろマジシャンのほうが、本当の不思議を求めているのですよ。

一般の人は、絶対に何かタネや仕掛けがあると思っています。

でもマジシャンは、タネや仕掛けではとうていできないという部分を求めています。

そういうものを見たい、追求していきたいというところがあって、そこは一般の人とのギャップが大きいところだと思います。

「これは、タネや仕掛けでは絶対にできない」ということを可能にするために、マジシャンは日夜努力しているのです。

バーディー　だから、本当に超能力者がいたら、ちょっとスプーンを曲げるだけでもいいから来てほしいです。

響　亡くなられましたが、発明家の政木和三《かずみ》先生がいらっしゃいましたよね。スプーンを曲げるわけではありませんが、数多くの発明をして、その特許のほとんどを手放しました。

スピリチュアルな体験も数多く語っていますね。あの方は本当に何かの力を持っておられたと思います。

保江　岡山に、林原という会社があるのです。水あめの製造から始まり、今は食品素材や医薬品の素材を開発している会社です。

カバヤというお菓子メーカーがあるでしょう。カバヤはもともと、林原から派生した会社なのです。

その林原が生命科学研究所を運営して、そこに大阪大学の技官だった政木先生を招いて、さまざまな発明をしたのです。

電気炊飯器や自動ドアなどを発明したのですが、ダウジングもやったりして、いろいろなことに関心を持つ人でした。

発明は一瞬でひらめくらしく、直感がすごい方でしたが、パワースポットを訪れて、「ここはすごい場所だ」と言うこともあったそうです。

東京に本山博先生という研究者がいて、この方は人間の超能力や、ヨガ修行者の力を生理学的に研究するために脳波の測定などを行った、その分野では草分け的存在なのですが、その本山先生も研究費の援助を求めて、政木先生のもとを訪れていました。

僕も何回か、本山博先生には会ったことがありますよ。

政木先生もある意味、超能力者ですよね。

バーディー　そうですね。僕はやはり、目の前で見てみたいです。生で見たことがないのですよ。

テレビでは編集した一部分しか出さないでしょう。釘が曲がっていくところなんて、見てみたいと思っています。

保江　ユリ・ゲラーも、時々日本に来て、富士山の麓に滞在しているそうですよ。一度、みんなで集合しましょうか。

バーディー　いいですね。超能力者大集合というわけですね。

先日も、何人かで来たお客さんに、

「バーディーさん、この子、超能力者なのです」と言われたのです。

保江　本物だったのですか。

バーディー　中国あたりの女性だと思います。

「これ見てください」と、ぐにゃりと曲がったコインを見せられました。それで、

「じゃあ、ここで曲げてみせてください」と頼むと、

「人前ではできません。邪念が入るから」などと言うのです。曲げたものだけ見せられても、道具を使って曲げたかどうかの区別はつきませんからね。

あの人は違うような気がしますね。

響　でも、人前ではできなくても、自分をコントロールできずに勝手に何かが起きてしまうという場合のほうが、不思議なことが起こりやすい気もしますね。

バーディー　そうかもしれませんが、目の前で見たいでしょう。コインを曲げるところなんて。

現実にあったタイムリープ

響　僕は、9・11の同時多発テロのちょうど1ヶ月前に、妻と旅行を兼ねてラスベガスに行ったのです。

そのとき、トランジットで寄ったロサンゼルスの空港が混乱していました。

現地の人に聞いても、前日から空港が大混雑で、入国手続きはできないし飛行機は時間どおり飛ばないしで、何が起こってるかわからないという状況でした。

通常なら20分ぐらいで入国手続きを済ませて、次のラスベガス行きの飛行機に乗れるのですが、僕たちの手続きも全く進まなかったのです。

2時間経ってもできなくて、当然、予定していた乗り継ぎの飛行機には乗られませんでした。


周囲の人たちも、一生懸命、次の便を予約しようとしているのですが、「なかなか取れない」と言っているので、あきらめて案内された便に乗ろうと覚悟を決めました。

ただ、その日どうしても見たかったラスベガスのショーがあって、プラチナチケットを苦労のすえ入手していたのです。


「この状況だったら仕方がない」と思っていたら、空港の職員が僕のところにやって来て肩を叩いて、

「大きい声では言えないのですが、お二人は次の飛行機に乗ってください」と言うのです。

「乗れるのですか。みんなは飛行機を待っているじゃないですか」と言ったのですが、
「お二人は乗ってください」と言われて。

でも、飛行機に乗れても、フライト時間は1時間で、空港からシアターのあるホテルまで車で20分くらいかかるのです。

ショーは午後7時からだったのですが、飛行機が離陸したのが午後7時ちょっと前だったと思います。

バーディー　ショーの時間にはとうてい間に合いませんね。

響　そのときの旅の一番の目的はショーを見ることだったので、「全然間に合わないな」と思いながら、

「まあ気持ちを切り替えよう。旅を楽しもう」と言いながら乗り込みました。

そして、飛行機が着陸態勢に入るころに、客室乗務員が僕と妻を呼びに来て、客室乗務員が座る席の横に僕たちを座らせるのです。

「ここに座ってください」と。

後で現役の客室乗務員に聞いたのですが、「そんなこと200％ない」と言われて。

保江　そんなこと絶対にないでしょう。

響　でも、僕らは実際に座らされたのですよ。

そして、彼女が言うには、

「ドアが開いたらすぐに男性のスタッフがいるから、その人について行ってくれ」と。

着陸してドアが開くと、確かに男性が立っていました。名前を呼ばれて返事をしてついていくと、手続きなどはすべて素通りで、そのまま空港の出口に着いたら、そこにはなんとリムジンが待っていたのです。

「あれに乗ってください」と言われるままに車に乗り込むと、今度はシアターのあるホテルの壁の前に止まりました。ドライバーが、

「曲がらずにまっすぐに行きなさい。絶対に曲がってはダメ、まっすぐに行くのです」と、

壁に向かって言うのです。

保江　「壁に向かってまっすぐ行け」と……。

響　そうです。言われるまま、壁のほうにまっすぐ歩いていくと、パッと見た目ではわからなかった扉があり、それが開いたのです。

中に入ってまたまっすぐに行くと、ちょうど突き当たりに受付があって、スタッフが、

「うかがっています」と言いました。

通常は、少しでも遅れたら入れないようなショーなのですね。

それなのに、「入ってください」と言ってくれて、

「もし、今日のショーが見られなかったら、明日のチケットを渡してくれと言われている」

とまで言うのです。

誰がそんな手配をしてくれたのだろうと不思議に思いながら、席に着いて時計を見たら、7時3分でした。

バーディー　7時前に飛行機に乗ったのに、ですか。

響　そうなのですよ。だから、最初の数分だけは見られなかったのですが、その後はすべて見られたのです。

バーディー　時差があったから間に合ったということですか？

保江　いやいや、時差があっても、時計の針はそのままでしょう。それに、ラスベガスとロスに時差はありませんよ。

響　時差とか、そのときは全く思いつかなくて、ただただ驚いていただけです。

妻は、僕が何かしたのではないか、アメリカには大金持ちがたくさんいるから、頼めばこれくらいのことはあるかもしれないと思っていたそうなのですが、それにしても、時間に関してはおかしいですよね。

さきほど、3年くらい前からメッセージが届くようになったという話をしましたが、このときの出来事についても説明してくれたのです。

1時間かけて行ったはずなのに、現地に着いたら3分しか経っていないという現象を、タイムリープとかタイムトラベルとかいうそうです。

そう言われてみたら、あのとき会った空港職員も、客室乗務員も、送ってくれたスタッフもリムジンのドライバーも、ひょっとしたらシアターの受付スタッフも、この次元の人じゃないかもしれない……。そう考えたら、辻褄が合いました。

バーディー　どうなのでしょう。懐疑論者としては検証したいところです。
乗った飛行機は間違いなく存在するのですよね。同乗している人がいるわけだから。

響　それも今となっては、調べようがないのですよ。

バーディー　そのときに調べないとわからないですよね。
空港だから、何時に飛行機が発着したのかは、絶対に記録として残っているでしょう。何時に離陸して、何時に着陸したのかは間違いなくわかるはずです。

そのシアターに着いた時間が7時3分ということですが、その飛行機は何時に着陸したのか、それさえわかれば、明らかに矛盾が見つかるはずです。

当時に戻れるものなら調べてみたいですね。


響　実はそのとき、関西空港からロサンゼルスまで行ったのですが、関西空港で僕の同級生と偶然会って、ロサンゼルスまで同じ飛行機でした。

彼もロサンゼルスの空港で足止めされて、同行していた奥さんや友人と、一所懸命に乗継便を探していたのです。

そして、僕が飛行機が取れたと知らせると、

「どうして君たちだけ取れたの。僕たちはぜんぜん取れなかったのに。君たちだけ先に行けるなんておかしいだろう」なんて言いながら、僕たちが飛行機に向かう姿を見ていたわけですよ。

バーディー　生き証人も、現実にいるのですね。

響　そこはね。

バーディー　それが、何時発の飛行機だったかですよね。

響　シャトル便のようにロサンゼルスとラスベガスを行き来している飛行機で、ロサンゼルスに戻ってきたのが6時半だったのは覚えているのです。

バーディー　なんだかんだ準備があって、折り返しての離陸は早くても7時前くらいになるでしょうね。

響　時間は見ていなかったので、そこはなんとも。

バーディー　でも、着陸して即、6時半に離陸したとしても、到着は7時半ですよね。約1時間のフライトですから。

響　しかもそこからシアターまで、車で20分かかるはずなので。

バーディー　正確に何時の便に乗ったのかを検証したくなりますねぇ。でも、9・11テロがあった年ですから、もう20年前ですよね。

保江　矢追さんや、ミラクルアーティストのはせくらみゆきさんもおっしゃっているのですが、世の中には全く揺るぎない1つだけの現実がある、というわけではないそうです。同じ現実を過ごしているように思っていても、我々が全く同じことを見たり聞いたりしているとは限らない。体験や認識が少しずつ違ったりしていると。

そのとき、響さんと奥さんが体験した現実は、空港で一緒になった友人たちや、その話を後から聞いたバーディーさんや僕が不思議に思っているような現実とは違うのですよ。結果として、響さんはそのショーに3分遅れで入場することができて、ほとんど見ることができたということ。これは、響さんにとってはれっきとした現実なのです。

バーディー　そうですよね、実際にショーを見られたのですから。

保江　ショーを見られたというのは現実です。でも、現実は確固として揺るぎなく存在するものだという観点に立つと、矛盾だらけになってしまいます。

つまり、現実は1つだけの確固たるものではないのです。それぞれの体験や認識が重ね合わされ、混然としている。まさにそれが、量子力学的、もつれというものなのです。

バーディー　そのもつれを、その現場にいる人が実際に見たときに、どのように見えるのかが気になります。

保江　たとえば、僕が知人と店でお酒を飲んでいて、そこへバーディーさんが来て何か言ったとします。

そのとき知人が、「バーディーさんにこんなことを言われた」と言ったが、僕はまるっきり反対のことを言われたと認識していた……、そうした経験は誰にでもあるでしょう。

次の日に2人でそのときのことを思い出したときに、それぞれが全く別の認識をしていたというのは、よくあることですよ。

バーディー　だから、そこを検証していったら面白いと思うのです。そのときのチケットの半券や、フライト記録などを突き合せていけば、時間的に絶対に間に合わないことがわかります。でも、ショーを見たのは事実ですし、席に着いたのが7時3分だったというのも嘘ではないでしょう。だったら、飛行機は何時に離陸して、何時に着陸したのか。飛行機の中には当然、パイロットや客室乗務員、ほかの乗客もいたでしょう。

響　機内は満席でしたね。

バーディー　そうしたことを突き合わせていけば、どこかに矛盾が出るはずです。

保江　その矛盾は、たとえばチケットの印字がいつのまにか変わっているとかで、現実がフォローするのですよ。

バーディー　そのフォローを見てみたいです。たとえば、実は5時半発の便だったということになるのですか。

保江　そうやってバーディーさんが検証したい、探偵でも雇って徹底的に調査してみようか、などと言って調べ始めると、ドミノ倒し的に過去が変わっていくのです。

バーディー　それを見たいのですよ。

逆に、今、僕の身にそういう不思議なことが起こったら、僕は全部調べていきます。

実際、不思議なことは起きても、その場にいると案外検証しないものですよね。

響　その話をある人にしたときに、

「瞬間移動という感覚は本人にはなくて、ちゃんと1時間経過しているように感じるものですよ」と言われたのですが、同じような経験をした人がほかにも多くいるということですね。

絶対に間に合わないはずだったのに、到着したら予定の時間より早く着いていたとか、そうした経験のある人は決して少なくないのです。

バーディー　客観的に、どう記録されているのかを知りたいです。空港や売店には防犯カメラがあるだろうし、ショーの会場にもあるでしょう。

間違いなく6時30分に空港にいる姿が映っているのに、7時に会場のカメラに映っていたら矛盾していますよね。

いったい、これはどういうことですかと、全て検証してみたいです。

保江　検証しても、おそらく全てに矛盾がなく、辻褄があう状態になるでしょう。

バーディー　実は5時半でしたとか、時計を見ていたとしても、時差を合わせ間違えて1時間ずれていましたとか、そういうことですか。

保江　あるいは、たまたま、そのときの防犯ビデオのテープが撮れてないとか、不鮮明でよくわからない、ということもありえますね。

テレポーテーションを体験した少年

バーディー　消えた指輪が家から出てきた、たとえば、大根の中からとか冷蔵庫から出てきたなんて聞くことがありますが、そういうときは写真を撮ってほしいですよね。
後から話だけ聞いても、なんだかもやもやしたものが残ります。

響　でも、実際にそういう不思議なことは起こりますよ。

バーディー　僕の店に高齢の女性がよく来るのですが、
「私は、瞬間移動や別次元から物が飛んでくるという現象を、何度も経験しています」と言うのです。

あるとき、テレホンカードぐらいの大きさの、仏像が描かれた金色のお札のようなものを持っていたのです。彼女が、

「バーディーさん、これ金属でできているのですが、ちょっと曲がっているでしょう」と言うので、

「どうしたのですか？」と聞くと、

「これは3ヶ月の間、見つからなかったのです。財布に入れていたのになくなってしまって」と言います。

ところがある日、折り畳んだワイシャツの胸ポケットから出てきたそうです。

「それは、入れていたのを忘れて洗濯しただけでしょう」と僕が言うと、

「いや、そんなところに入れるはずはないです。これは次元を超えて現れたのです」と。

これは別に検証しなくていいと思っていますが。

響　それに似た話なら、僕も聞いたことがありますよ。
僕がある放課後児童デイサービスに通う男の子に、コインを曲げるリアルファンタジーを

見せて、そのコインをプレゼントしたのです。

その男の子はコインを大切にしてくれていたのですが、あるとき、なくしてしまって、すごくがっかりしていると先生に聞きました。そして、

「響さん、今度会ったときにまたコインを曲げて、プレゼントしてあげてくださいね」と頼まれたので、僕も、

「それはお安い御用ですよ」と答えました。

ところが1週間後、その男の子が初めて乗る車の中で、コインを見つけたというのですよ。送迎のワンボックスカーの後部座席のドアボックスの中にあったそうです。コインにはその男の子が描いた目印も入っていましたから、同じコインなことは間違いありません。

先生たちも驚いて、僕に連絡をくれました。

バーディー　初めて乗った車だったのですか。置き忘れたのではなく。

響　その車で、その子を送ったのは初めてだったそうで、その子も「乗ったことがない」と言う。「絶対にそこにあるわけがない」という話でした。

ほかにも、やはり曲がったフォークをプレゼントした高齢女性がいらしたのですが、その女性もフォークをなくしてしまったと言います。

「家中を探したのにどこにもない」と言っていたのに、何日か経って突然、グリルの上にフォークが現れたそうです。

彼女は毎日、グリルでパンを焼いて食べる習慣があって、前日までは焼いているときにフォークはなかったと言うのです。

バーディー　僕も実はクレジットカードをなくしてしまって、困っているのですよ。

響　それは気が気じゃないですね。

バーディー　銀行に聞いたら、再発行に3週間かかるといわれました。

もし、店に置いてある本の間から出てきたりしたら、「これは時空を超えてきた」と思えます。そんな現象が本当にあるのなら、僕自身にも、リアルな実体験がほしいです。

保江　でも、なくしたと思っていたものが、思いもかけない場所から出てくるということは、意外にありますよ。

バーディー　ほとんどは勘違いなのではないですか。

響　勘違いでは絶対にないということもあります。

僕がまだ20代前半の頃、マンションに住んでいたのですね。

オートロックではなかったので、鍵を閉めないとドアは閉まらないのですが、鍵を閉めて家を出た後、帰宅して家に入ろうとすると鍵がないのですよ。

どうしても見つからなかったので、仕方なく大家さんに頼んだのですが、大家さんが合い鍵でドアを開けてくれて、

「あそこに鍵があるじゃない」と言うのです。

部屋の中を見ると、本当にダイニングテーブルの上にあったのです。

保江　家の中にあったのですね。

響　でも僕は、ダイニングテーブルの上には絶対に鍵を置きません。鍵は鍵専用のケースに入れるので。

ということは、鍵が一足先に帰っていたとしか考えられない。別に僕がそれを望んだわけでもないのに。それって、なんか嫌ですよね。

バーディー　今ならスマホで動画を撮りながら、鍵を開けてもらいますね。

「今、鍵がかかっています。さあ、ドアを開けてみましょう……」などと実況しながら。

響　本当ですね。でも、自分が望んでもいない不思議なことが起こるものです。

保江　身の周りでそういう不思議なことが起きるというのは、もともとそうした能力を持つ人であることが多いですよね。

バーディー　確かにそうですね。僕も不思議な経験をしたことがあります。

保江　そうでしょう。バーディーさんだってあるでしょう。

バーディー　寝ていたら、急に店のBGMの音量がマックスになったこととか、ありますね。

保江　特に能力者の場合には、電子機器がおかしなことになるのは多いですよ。

バーディー　すぐに壊れますよね。僕が電磁波を出しているからだと言う人もいるのでしょうが、あまり考えるのはやめました。

ちょっとした不思議な現象が起きたからといって、別に宝くじが当たるわけじゃない、といった気持ちですね。それが起きたからどうなんだ、と思います。

保江博士の幸運を呼び込む能力

保江　宝くじといえば、この間、高額馬券を当てた人がいましたよ。

僕は京都で25人ぐらい、女性ばかりを集めて、「皆さんの運気が上がるように」というお茶会をやっているのですが、その中に、わざわざ山陰地方から来てくれた人がいたのです。

女性限定なので、3時間のお茶会の間、彼女のご主人は喫茶店で時間を潰していたそうです。

お茶会が終わって、ご主人と合流したときに、

「私の勝手で時間を潰させてしまったから、次はあなたの行きたいところに行きましょう」

と、ご主人が希望した場外馬券場に行って馬券を買ったところ、なんと大穴が当たって、払い戻しが1億円です。

バーディー　1億？　そんなにですか。

保江　誰も賭けないような馬の単勝を買ったそうです。僕も1割ぐらいもらってもいいいん

じゃないかと思うのですが（笑）。

バーディー　それくらい請求してもいいでしょう。

保江　そうした不思議なことは起こるのですよ。

他にも、先日の講演に来ていた中年の女性の話なのですが、講演後の質問のときに、立ち上がって、

「保江先生の話を聞いて人生が変わりました」と言うのです。

その女性は群馬在住で、講演に来るのは2回目だったそうです。

女性は友達に、「こんな変わった人がいるよ」と教えてもらって、僕のことを知ったらしいのですが、それから僕のネット動画を見始めたといいます。

彼女は農家に嫁いだのですが、家族からあまりよい扱いをされないこともあり、性格も暗かった。朝起きたときから、いつも不機嫌だったそうです。

ところが、僕の映像を見るようになってから、なぜか朝、明るい気分で目が覚めるように

なったというのです。

それから、僕の本も買って読んでくれたそうなのですが、読後にはさらに明るい気持ちになって、自然に笑顔になれると。

「本に書いてあることの意味はよくわからないけれど、映像を見ると、どんどん笑顔になって、講演にも来るようになりました」とおっしゃっていました。

確かにその女性は本当に笑顔が素敵な人で、「どこが暗い性格だったの」と不思議に思うくらいでした。

そして、それまでは農家だから仕方なく農作業をやってきたけれど、

「夢ができました」と言うのです。

僕の動画を見て生きるのが楽しくなって朝も気分良く起きられるようになったから、

「農薬を使わない美しい農業をやりたいと思います」とのことでした。

「農薬を使わないのが美しい農業だ」と思いついたら、今まで嫌で嫌で仕方がなかった農作業がものすごく楽しくなって、

「全てがバラ色になりました」と言うのです。

最後に、

「ほかにも、お勧めいただけるいいことがあれば、教えていただけませんか」と質問されたので、

「美しい農業をやるのなら、昔ながらのモンペみたいな作業着ではなくて、カラフルで綺麗な衣装で、見た目もキレイに農作業をしてください」と答えました。女性は、

「やります」と元気に言っていましたが、これも不思議な経験ともいえるでしょう。

お二人のようにスプーンを曲げたり、コインを曲げたりはできないけれど、幸運を呼び込んだり、人の気持ちをよくしてあげられたりするというのは我ながら、不思議な力の1つではないかと自負しています。

響　不思議なことにフォーカスしていくと、おそらく、不思議なことは数多く起こりえますね。

バーディー　でも、マジシャンの目から見ると、おそらくこれはこうだなと思うこともけっこう多いでしょう。

普通の人が不思議と思っていることの８割ぐらいは、マジックだろうと思います。「きっと、あれを使っているのだろう。これの応用だろう」となることが多い。だから、もっと検証したいのです。本物に会ってみたいと思うのです。

本当に超能力者がいるのなら、お店にぜひ来てほしい。

スプーン曲げのコツとは

響　今、確かにフェーズが大きく変わってきているのを実感しますよね。
面白いのが、僕のワークショップです。

バーディー　ワークショップをやっているのですか。

響　そうです。ワークショップの最後にみんなでスプーン曲げをするのですが、それがめちゃくちゃ面白い。ずっと曲がらない、曲がらないって言っていた人も、みんな最後は曲がるのですよ。それが面白くて。

僕はほとんど何もしない。それでも、急に「あっ、曲がりました」という声が上がるのです。「急に柔らかくなりましたけど、響さん、何かしたでしょう」と、みんなが口をそろえて言っています。

今まで、数多くの人にスプーン曲げを経験してもらいましたが、みんな最後には曲がります。曲がらない人が何人か残っても、僕が軽く肩を叩いたり、「曲がりますよ」と言いながら指をトントンとタップしたりして、「ほら、柔らかくなった。曲がりますよ」と言うと曲がっていきます。

僕は30年近く、野口整体をやっています。活元運動といって、人間の本来の力を引き出して健康に導くという考え方が基本なのですが、曲がらない人って曲がる人よりもはるかに力が入っているのですよ。

はるかに力が入っているのに曲がらないのを不思議に感じていました。
でも、スプーンを曲げようと力を入れている人って、力が分散しているのですよ。
そのバラバラになっている力を、スプーンを曲げようとする部分に集めればいいのです。
そうすれば、スプーンは曲がります。

子供の頃、ユリ・ゲラーの番組を見ながら、スプーンを見ずにさわり続けていましたが、
それには無駄な力を入れないという意味もあったと思います。

バーディー　響さんは普段、スプーン曲げをされているのですか。

響　僕はスプーンではなく、フォークを使いますけどね。

保江　スプーンとフォークで何か違いがあるのですか？

響　違わないですが、いろいろ、バリエーションがあったほうが面白いだろうと。もともと

はスプーン曲げです。

バーディー　フォークのほうが面倒ですよね。「先を曲げてみせて」と言われることもありますから。

フォークを曲げた後は、名刺立てにしたりしますね。

保江　響さんは、相手の手のひらにフォークを載せて、もう片方の手で蓋をさせてから、手の中のフォークを曲げるでしょう。やってもらいましたが、あれは痛い。

手の中でフォークの先が生き物のように勝手に起き上がってくるから、びっくりしますよね。

響　今まで誰もやってきませんでしたね。

バーディー　あれは面倒じゃないですか。

響　ちょっと意味があってやっているのですよ。

僕は、スプーンとフォーク曲げをやっていたのですが、それればかりが話題になってつまらなかったので、一時期、スプーンもフォークも曲げるのをやめていたのです。

何年間もやっていなかったのですが、東日本大震災のときに、「この出来事は絶対に忘れてはいけない。みんなの記憶に残さないといけない」と思って、その日から鶴を千羽、折ろうと思ったのです。

それで、フォークを鶴の形に折り始めたのです。

響氏がフォークで折った鶴

保江　それで鶴にしているのですね。これ、きちんと立つんですよね。
バーディー　綺麗に作っていますね。
響　はい。僕の住む広島から、東北への思いを込めています。
もう千羽を余裕で超えたので、今はまた、あえてフォークをあまり曲げないようにしているのです。

他府県に行ったときは曲げますけれど、自分の店ではあまりやっていません。どうしても、そこばかりに話題が集中するのが嫌で。ほかのことにも目を向けてほしいと思っているのです。

バーディー　フォークで鶴を折るなんて、なかなかできることではないですよ。

響　ユリ・ゲラーに近い発想なのです。ユリ・ゲラーがスプーンを曲げるときは、持っている部分がへこんで、彼の指紋の跡がつくのですよ。

バーディー　そうなのですか。

響　ユリ・ゲラーは、ほかの人がしてこなかった発想でパフォーマンスをするのです。僕もそれに共感しまして、ほかの人がしないことをしようと思ったのです。

バーディー　フォークの鶴も、なかなか新しいですよね。

高速で自力回転するナット

保江　響さんの店でいろいろ見せていただいて、電球を光らせるのにも驚きましたが、ボルトにはまったナットが、キーンと音を立てながら勝手に回転して、ポトンと落ちるのにも驚かされました。

それを見て、「中にモーターが仕掛けてあるのでしょう」という人もいるのですが、あんな小さなボルトの中に、音が出るぐらいの速さで回転させられるモーターなんて仕込めませんよ。

そんな小型モーターを発明できたら、それだけで大金持ちです。

響　あれは実は、歴史があるのです。

以前、灰皿の上に置いたボルトが、ゆっくり回るというのをやっていたのですよ。ほかのマジシャンも同じようなことをやっていましたが、彼らのは、灰皿の縁に寄せて回しているのです。

でも、僕のは灰皿の真ん中で止まっていたものが、いきなり回り始めるというマジックでした。ほかのマジシャンも見に来て、「これはありえない」と言っていました。

バーディー　ちょっと解説させていただくと、縁に寄せていた場合には、糸を引っ張って回していたわけです。ボルトとナットに糸を巻いておいて、糸を引っ張ったらナットが抜けていくという仕組みです。

ただ、糸を引っ張るとどうしても灰皿の端に寄ってしまう。真ん中で回すのはすごいことです。

保江　でも、糸を引っ張って回したなら、あんなにキーンという音を出して回らないよね。

バーディー　糸を引っ張るのは昔のマジシャンの手法です。音を出して回るというのは本当にすごいです。

響　マジックをやっている人は、みんな不思議がります。

保江　物理学で言うと、ボルトにはまったナットを外力によって回転させるのは無理なのです。トルク（＊力学において、固定された回転軸を中心にはたらく、周りの力のモーメント）をかけないと回転が生じないからです。一方向の力だけでは、回転は生じないですからね。

でも彼がやると、何故か回転運動が生じて、しかもキーンと音を立ててポトンとナットが落ちる。それは、外からの力では、不可能なことなのです。

響　マジックの歴史には、タネが犯罪に使われたという例もあります。

僕たちだけの秘密だったはずなのに一般に広まってしまって、犯罪に使われたということが実際にあるのです。

たとえば、ピッキングの道具って、僕たちだけが使っていたのです。もう30年以上前のことですけれど。

保江　何のために使っていたのですか。

響　カバンを開けたりとか、自分にかけられた手錠を外したりとかですね。
初めて見るような鍵もいとも簡単に開けるというようなマジックで、道具を使わずに開けているように見せるから、お客さんは驚いていたのです。
でも、世の中にピッキングという道具があるという話が広まってしまったために、新たな犯罪が生まれてしまいました。

バーディー　ピッキングの道具は、今でも買うのに許可がいるのですよ。警察に届け出ないといけません。
「仕事で使います」と言わないと、認められない。車屋さんや鍵屋さんも使っています。

保江　マジシャンも持っているのですね。

バーディー　マジシャンはまれに持っています。僕も、そうしたマジックが好きなので持っています。

響　シリンダーのロックを1個ずつ外していけば、鍵が開くような仕組みです。

保江　バーディーさんは、どうやって手に入れたのですか。

バーディー　「大脱出のマジックをやります」と言いました。

響　鍵を掛けられて閉じ込められた人が、火の中や水の中から脱出するというものですね。

バーディー　もっと簡単な仕掛けの鍵もあるのですが、僕はこういうのが好きだから。趣味ですね。

響　マジックのスキルを磨くのに持つという人もいますよ。

保江　そうか、そういう気持ちが大事なのですね。興味を持って挑戦するという好奇心。

バーディー　そうです。興味本位ですよ。

僕も最初、ピッキングツールを手に入れようと思って調べたら、警察に届け出てください
と言われまして。

それで免許証のコピーを添えて届け出て。書類に店の住所も書いて、目的欄には、「大脱出マジックをします」と書いて提出しました。

響　30年前には、悪用しないという誓約書も必要でした。

バーディー　だから、僕の店の付近でピッキング強盗が起きたら、真っ先に僕が疑われるのです。

保江　そうですね。あそこの店主が持っているはずだとなりますよね。

響　一般の人が考えつかないことを考えて、それを実行するのが僕たちの仕事なのです。だから、一般の人たちが考えているマジックとは、もともと違います。その誤解を解いていかなければならないと思います。

バーディー　そうですね。誤解がありますよね。

響　みなさん、タネを知ってやり方を覚えたら誰でもできると思っていますよね。でも、誰でもできるのはマジックじゃない、と僕は思っています。

バーディー　誰でもできるものも、ないわけではありませんけれどね。

響　それはね、悪いのは僕たちなのです。昔からテレビに出るときに、「何か1つ、種明かしをしてもらえませんか」などと言われて、あえて誰でもできるものを作って披露していたのですよ。僕も昔はそうでした。

白い紙が瞬時にお札に変わると言って、お札の端（8分の1の位置に）、対角線にお札と同じ大きさの白い紙を貼り付けただけのタネを紹介したこともありますが、実際のマジックにはそんなものはありませんよね。

バーディー　まあ、マジック入門の本などに書かれているような簡単な手品を、テレビで種明かししているのですけどね。

イソジンにレモンを入れたら透明になるといった知る人ぞ知る豆知識を、テレビで種明かしを頼まれたときのために用意してはいますが、まともなマジックの種明かしはしませんよね。

響　訓練もしていない一般の人に説明しても、「そんなことができるわけないじゃないか」と言われて終わりですからね。

一般的な人は、基本のカードの持ち方すらできません。カードを配るときの持ち方をディーリングポジションといいますが、正しくそれができるようになるまで、何年かかるかわかりません。

逆に、カードを持った時点で、相手の技量がわかるのですよね。

海外のマジシャンが店に来たときは、まず僕に、

「このカードを持ってみてくれ」と言います。


バーディー　僕がやっていることは、ほかのマジシャンにもできないことが多いです。

たとえば、相手に裏返したカードを5枚持たせて、1つの数字を思い浮かべながら、「その数字を引く」と念じて、好きなカードを出してくださいと言うのです。

もちろん、なかなかできることではないですから、何回やってもできないことがほとんどです。そこで僕が、

「頭の中で3と思いながら、どれでも好きなカードを選んでくさださい」と言ったら、適当に選んだカードが「3」になっている。

普通の人がやってもできないことをやってみせる。それが本来のマジシャンだと思います。

響　僕のショーのオープニングでやっていたマジックも、似たようなものでした。

１から５の数字があって、「どれか１つ消してください」と言うと、必ず３を消すという。僕はそれを完全にノウハウとして完成させていたので、百発百中の自信がありました。

バーディー　それが、積み重ねの上の不思議な上澄みの部分ですよね。

響　半年間、ショーのオープニングでずっとやっていました。でもある日を境に、急にできなくなってしまったのです。

それまで半年間、全員が３を選んでいたのですが、突然、違う数字が選ばれるということが起きてしまった。

僕の心の中にある「絶対３を選ぶ」という自信が崩れたのでしょうね。

バーディー　「できない」という意識が生まれると、できなくなるのですよね。

響　そう、ある日突然、急にね。

バーディー　催眠術も、急にできなくなるときがあるのですよ。誰にやってもかからなくなるという。

響　そういうときは、1回失敗すると、なし崩しに崩壊していきます。

バーディー　「3つ数えたらあなたは椅子から立てなくなります」と言って、ずっとそうできてきた人も、ある日、「立てます」と言われて本当に立たれてしまったら、次から一切できなくなってしまいます。心のどこかで、「また立たれるのじゃないか」と思ってしまうのでしょう。

それはもう、メンタルの問題ですよね。

響　オープニングで使っていたパフォーマンスが急にできなくなったら、本当にトラウマになります。一度、「失敗したことがある」というレッテルが貼られたパフォーマンスは、二度と復活させようとは思わなくなります。

バーディー　自信満々でやらないと、できませんから。僕も、テレビで失敗してから封印したマジックがいくつかありますよ。

次元の接続を切って別世界を出現させる

保江　そこなのですよ。僕も単に響さんに見せてもらって、空間を切り取ればいいんだ、この中を別世界にすればいいんだと思っていたときは、自分の中で100％信じられる理屈があったわけじゃないから、うまくいくときとうまくいかないときがあったのです。

ところが、4次元、5次元、6次元、という次元の存在は、物理学的にも理論として明らかだから、その屁理屈で論理武装して、「俺は高次元の部分と3次元との接続を切っているだけだ。そうすることで空間が不安定になるから、人を簡単に倒せる」と考えて、それを信じられるようになりました。

そういう屁理屈のほうが、単に「空間を別世界にする」というよりも、物理学者として絶対に揺らがない信頼を置けるわけですよ。

そうした屁理屈をつけることで、確実に人を倒せるようになったのです。

それと同じで、マジシャンも絶対失敗しないという自信を持てるようになる屁理屈があれば、一度は失敗しても克服できるのではないでしょうか。

バーディー　その延長上で、この仏像があれば大丈夫とか、このパワーストーンを身に付けていればいいことがあるとかも、そういう気持ちの問題ですよね。

絶対的な存在というか、信じられる偶像があるかどうかという話だと思います。

響　政木先生のエピソードに、空を見上げると急に閃光が走って、大木が現れ、見つめると大木が瞬く間に削られていって仏像になって出てきたというものがありましたね。

バーディー　木が崩れていくのですか。

響　その途中の写真もあるのですよ。実際にその場で見ていた人もいますし。いきなり閃光が走って、いきなり空中に大木が現れるのです。
そして、目の前で大木が削られていくのですよ。

バーディー　それは見てみたいです。映像があるのですか？

響　映像はどうですかね。写真は見たことがありますが。

保江　政木先生に感銘して師事していた人の、ほぼ全員がそう言います。
当時の映像はたぶん、ないと思いますが。

バーディー　たまにYouTubeの動画で、念力や気で空の雲を消すというのがありますよね。
「雲消し」などと言いますが。

保江　あれは、ほとんど偶然でしょう。

響　でもね、メンタリズムの本の中に、「雲消し」を扱ったものがあるのですよ。20年以上前に読んだ洋書なのでタイトルも覚えていないのですが。

それを読むと、奥が深くて。

バーディー　僕もやったら雲が消えましたよ。

響　それは、意識ができているからだと思います。

バーディー　科学的には、雲は消えたり出現したりを繰り返しているという話ですよね。どんな雲でもじっと見ていたら必ず消えていく。消えて、また別の場所に現れて、雲は移動していく。

響　その本によると、形を選ぶこともできるそうです。羊の形にするとか、馬の形にするとか。どうやったらそういう形になるのかということを、一見きちんとした理論風に説明しているのです。もちろん、全く理論的ではないのですが。

日本一のマジックバー

保江　ところで、バーディーさんと響さんの出逢いはどのようだったのでしょう？

バーディー　あるとき、僕の店に来たお客さんに、「今から、広島に行くのです」と言ったら、「広島といえば、日本一のマジシャンがいるのを知ってるでしょう」と言われたのです。

僕は、ほかのマジシャンとはあまり交流がないので、当時は響さんのことを本当に存じ上げなかったのですよ。

「日本一のマジシャンを本当に知らないのですか」と言われたので、

「大会にも、いろいろな団体が主催しているものがありますから」と言ったのですが、

「バーディーさんが知らないなんて、そんなことあるのですか。日本一の方ですよ」と何

度も言われるので、「じゃあ、一度会ってみよう」と思って、お店に行ったのです。
お店に着いたら、確かに「日本二」と看板に書かれていたので、「ここか」と。

響　サイネージ（電子看板）に流れているのは、日本一のマジシャンではなく、「日本一のマジックバー」なのですけれどね。僕自身が日本一ということではない、とよく言っていますが。

今ではネット上から削除されているようですが、マジシャンランキングベスト3と、マジックバーランキングベスト3を毎週更新していたサイトがあったのです。

そのサイトでは、10年以上の間、マジックバーランキングでは、マジック&ショットバーHivikiが常にベスト1でした。2位、3位は変動しても、1位は不動だったのですね。

ただ、マジシャンランキングでは、一度もランクインしたことはありませんが。

このことが、日本一のマジックバーと銘打つ裏付けとなっています。

バーディー　なるほど。それで中に入って、ちょっと黙って見てみようと。帽子をかぶってね。

すると、振り子のようなものを使っていました。

響　ペンデュラムと呼ばれるものですね。

バーディー　ペンデュラムでカードを当てるというのは、もともとは僕が作って発表したのですよ。

店に入ると、いきなり、

「バーディーさんですね、知ってますよ」と言われまして。僕のほうは、

「ありがとうございます、すいません、僕は響さんのことを知らなかったのですが、日本一と聞いたので」という感じでした。

確か、テレビ番組の企画でも日本一になったのですよね。

響　「USO《ユーエスオー》!?　ジャパン」（＊TBS系列で放送されていたバラエティ番組）という番組でしたね。

バーディー　そこで、初めてパフォーマンスを見せてもらったのですが、いわゆるメンタル

というジャンルで、超能力を模したマジックでしたので、僕と同じ畑のような感じがしました。

輪がつながるチャイナリングも見せてくれまして、誰でも一度は見たことがあると思いますが、音楽と組み合わせてのオーソドックスなショーで、それを見て「マジシャンだな」と思って店を出ました。

その後は、余談になりますが、広島駅前で教えてもらった一番うまいというお好み焼き屋に行きました。すごく長い行列のある人気店でしたが、僕は大阪のお好み焼きに慣れているので、あまり口に合いませんでした。

広島焼きと言ったら、怒られるようですけれど。

響　広島では、お好み焼きを広島焼きと言ったらダメですよ。

バーディー　関西のお好み焼きが先か、広島のお好み焼きが元祖かという話はよくありますよね。

実はこれ、ＮＨＫが調べて決着しているそうです。歴史を紐解いていったら、その発祥の地は、実は東京でした。

保江　もともとは、東京のもんじゃ焼きだったのですか。

バーディー　そうそう。もともと、もんじゃ焼きというのが東京で流行して、それが大阪や広島に伝わったというのが経緯のようです。

だから、発祥はお江戸でございましたと。大阪も広島も違ったということです。

響　それはもう、何も言えないですね。

バーディー　そう、大阪と広島で「こちらが元祖だ」と争っても仕方がないのです。

パート2　超能力を発動できる人とは？

（鼎談二日目）

「縄文の奇跡」はDNAの覚醒につながる⁉

保江　青森県にある三内丸山遺跡の1万2千年前の土壌から抽出された酵母が、まだ生きていたという話を聞きましたが、すごいことですよね。

その酵母で日本酒や赤ワイン、白ワインを作ったという方がおられるのですが、根性がすごいでしょう。

その方が僕のリクエストで白ワインを作ってプレゼントしてくださったのですが、この白ワインが一番難しかったそうです。

でも、こうしてできてきて、「まずは味見してください」と送ってくださったのです。

「縄文の奇跡　白　2022」という名前でWANOWinery醸造所が作っています。

岡山にある僕の家で先日、少しだけ飲んだのですが、辛口でおいしかった。でも1人でしたし、一度に飲んでしまうのもどうかと思って、冷蔵庫に入れて保管していたのです。

昨日の鼎談が終わって、近所の店で飲んでいるときに、縄文時代の話とか熊毛王の話などが出てきたので、縄文開きをなさっているとおっしゃっていた響さんに、じゃあ、今日はこれをぜひ飲んでいただこうと思って持ってきたのですよ。

響さんは顔が濃いし、縄文人の血筋ではないかと思いますしね。

響　縄文時代からの酵母ですか……。これを飲むことで覚醒する人が増えたらすごいですね。いにしえの記憶、ＤＮＡが体内に入ってくるわけですから。

たとえば、縄文人たちは、喉のチャクラの力だけで大きな岩を持ち上げて裁断したりするような、そんな力があったのです。

保江　やはりね。

響　そうした不思議な力を使って、ピラミッドはできているのですよ。

それがなければ、絶対に人はピラミッドのようなものは作れないですよね。

保江　無理ですね。

響　物理的には、絶対に無理な話です。
そういう能力を、喉のチャクラを使って発揮していたそうですね。
卑弥呼も、喉のチャクラの力だけで大きな岩を持ち上げて裁断して、いろんな場所に運ぶことができた。そういう能力を持っていたのです。

保江　そんな力を持っていたのですね、縄文の人たちは。

響　持っていたのですが、現代人はそうしたいろいろな力をオフにされています。

保江　特に、我々日本人がそうですね。
縄文時代にしかなかった菌を再び体に入れることによって、そのスイッチがオンになる……それでしたらすごいことですよね、まさにこのワインとか。

響　本当ですね。

保江　今の縄文人の話で腑に落ちるのは、四国の高知県の山間部にある旧物部村という地区に残っている古い宗教、いざなぎ流の話です。

天竺のいざなぎ王から伝授されたという言い伝えもあるようですが、起源についてはよくわかっていません。

この地区には、平家の落ち武者伝説も伝わっているのですが、この地区の人はキリストの末裔だという話もあるのです。

何代か前までは、目が青くて肌の色が白く、背が高い人が多くいたとも言われています。でも、いざなぎ流というのは、陰陽道や修験道、神道などが交じり合った民間信仰だというのが一般的な解釈のようです。

明治維新以降、道路やトンネルの建設を始めた明治新政府は、巨大な岩などがあって工事が進まないときに、いざなぎ流の人を呼んだそうです。

国の役人が、「この岩を動かして割ってくれ」と頼むと、いざなぎ流の人がやってきて、神道のような格好をして祈祷をするのです。

その祈祷によって、本当に岩が割れたそうですよ。

それから、人が亡くなった後、その人にどうしても尋ねなければならないことがあったときに、いざなぎ流の人を呼ぶと、祈祷で30分間だけ生き返らせてくれたという話もあるようです。

これは、いざなぎ流を今に継いでいる人から聞いた話です。

その人は、「もう今は、そんなことができる人はいなくなっている」と言いましたが、彼の祖父くらいまではできていたそうです。


さきほどの縄文人の話を聞いたときに、その話を思い出しました。

いざなぎ流の人たちも縄文人も、岩を浮かせて切断するということができたのでしょう。

キリストも、縄文人に通じるような力を持っていたのかもしれません。

キリストは20代の頃に、日本でそうしたことを習って帰ったので、死後の復活や奇跡ともつながったのではないでしょうか。

響　面白いのは、縄文開きをするというメッセージを発信しただけで、遠くはメキシコからも広島に人が集まってきましたし、スピリチュアル系の人たちとすごく親密になりました。

この縄文開きが、一番大きなきっかけだったのです。

海洋民族の日本人こそが、世界の文化の根源だった

保江　東ティモールの人たちを撮影して映画を作った日本人女性の話をしましたが、彼女と東ティモールが結びつくきっかけは、もともとアラスカのシャーマンが代々受け継いでいる話を取り上げた絵本でした。

絵本に書かれている話を直接聞こうとアラスカに行ったら、

「太平洋を取り巻く地域には、今も木や森の声を聞く民が残っているはずだから、行ってきなさい」と言われて、実際に地域を回り始めたのが最初です。

その木や森の声を聞く民は、きっと縄文人ともつながりがあるのでしょう。

だから、縄文開きをすると聞いてわざわざやってくる人は、そうした民と関わりがある人

たちなのではないでしょうか。

響　きっと、そうなのでしょうね。

それと、日本から海に物を流すと、必ずアラスカに着くらしいですね。

保江　海流に乗ってですね。

響　だから、ずっと以前から日本とアラスカの間では交流があった、といったことをボブ・サムは言っていましたね。

保江　確かに、エスキモーなどのアラスカの先住民たちの顔や雰囲気は、我々日本人に近いものを感じますよね。

アメリカの原住民より、さらに近く感じます。

先日、福岡県の宗像大社に行ったのですが、日本書紀にも登場する日本最古の神社の１つなだけあって、日本の原点という気がします。

遠い昔に、大陸から朝鮮半島を経て、日本に多くの人がやってきました。

周辺には邪馬台国や卑弥呼の伝説もあるし、「漢委奴国王」の金印もあの近くの志賀島で発見されました。

そこから大和朝廷につながり、日本の文明が始まったと言われています。

今、宮司をされている方がすごい勉強家で、頭も柔らかく、普通の宮司さんとは少し違います。本当に学者のようであり、一部上場企業の会長のような落ち着いた雰囲気もある方です。その方が、

「中国から人々が海を渡って、日本に来たなんていうのはおかしいでしょう」とおっしゃるのです。

中国は、大陸の大きな国で、馬を操り、刀で斬り合って戦をしながら勢力を競ってきました。大陸民族であり、海洋民族ではないから、海を渡ろうなんて気持ちになるはずがないと、その方は言うのです。

大陸から船に乗って人々が渡ってきて文化を伝えたという説は、考え直さないといけませんね。

海に囲まれた日本に住んでいた祖先は、海洋民族だったはずです。

だから、むしろ日本の人たちが素晴らしい船を作り、海を渡って、大陸にもさまざまな情報を伝えたのではないでしょうか。

そして、その影響は中国を超えて、環太平洋全域にまで及んでいったのです。

だから、日本こそがアジアの文化の根源ではないか、と彼は力説していました。

響　それは、ボブたちの考えと全く一緒ですね。

保江　やはりそうですか。

響　縄文時代は、さまざまな国からいいものが集まってきていたといわれています。

でも、よく考えたら、その時代に世界中からいいものを集めてくるなんて不可能です。日本にあったいいものが、世界各地に広がっていったと考えたほうが辻褄が合います。

保江　奈良と福岡の沖ノ島などに、朝鮮で5世紀のものとされるものとよく似た金製指輪が発見されているのですが、奈良のものが一番質が高いそうですよ。次が沖ノ島。

これらが大陸から渡ってきたものなら、一番いいものが日本にあるわけがないでしょう。

普通に考えれば、日本から大陸に渡ったと考えたほうが理論的にも正しいはずです。

でも、日本側からはそうした発言をしてはいけないことになっているという話を聞きました。学術的な世界でも、そういう約束になっているとか。

響　ほかの国からすれば都合が悪いですよね。全てが日本から始まったなんていうことになったら。

日本の縄文人がいなければ、ピラミッドすらできなかったという話になると、ほかの国は受け入れられないでしょう。

バーディー　韓国の美容整形技術みたいなものでしょうね。

もともとは、日本の高須院長が韓国に技術を紹介したのですが、今や韓国のほうが整形大国です。

日本の若い子は、「韓国の整形手術の技術はレベルが高い」などと言っているけれど、あれはもともと日本の医者が伝えたのだ、ということを認識させなければならないと思うのです。

そうした、日本人としてのプライドは大切です。

保江　そのとおりです。

また、神戸の六甲山系に金鳥山という山があって、戦後間もない頃、楢崎皐月《ならさきこうげつ》という人がその山の神社で「カタカムナ文献」という文書に出会ったと発表したのですね。

山にいた仙人のような人と知り合い、書き写すことを許されたということで、原本は見つかっていません。

その文書について、今も一部では、日本に超古代文明があった証拠だと信じられています。

その楢崎先生は、戦争末期に満州で製鉄技術などの研究をしていたのですが、そこで道教の道士と出会い、老子を学んだそうです。

その道士が言うには、日本には高度の文明を持つ古代民族がいて、彼らの文明が中国に伝わって中国文明のもとになったのだと。

その古代文明は「アシヤ文明」というそうですが、そうした話を日本人が言うのではなく、中国人から聞いたというあたりが面白いところです。

いずれにせよ、日本の文明が中国に伝わったというのは正しいのではないかと思います。

響　そうした痕跡というのは、ところどころに残っているのでしょうね。

でも、世界の多くの人にとっては都合の悪い歴史なので、封印されているのでしょう。

保江　世界中で示し合わせて封印しているのです。

響　でも、それは逆に日本人も考え直さないといけない部分じゃないかと思います。

もう一度、その頃の霊性を取り戻すというか、魂を磨くようなことを、もっとしていかなければならない。

今の若い人たちは、そうしたことに興味をまるで失っていて、自分のことしか考えていません。自分中心の目線でしか物を見ていない状況ですから。

保江　でも、若者に向かって、縄文時代などの話を正面からぶつけても、たぶん「はあ？」とか言われて、耳を傾けてもらえないと思います。

「あいつらアホやん」などと、頭から拒否されると思うのですよ。

だから、ここはワンクッションを置く意味で、むしろバーディーさんのような人が、「そんな話、ありえへん」って言ってくれたほうが関心を引くような気がします。

バーディー　僕はそんなキャラじゃないですよ。

保江　バーディーさんは停滞や思考停止を打ち破る、バンカーバスターみたいな破壊力がありますから。

バーディー　関西人は、みんなそうですよ。
縄文時代の話をしたら、「いや、それ見たんか」と言って終わる話です。

手を触れずに物を動かす──念力を日常とする村の女性たち

保江　その、「縄文人のパワーを見たのか」と言うバーディーさんが、普通はできないこと、たとえばスプーンを曲げることができますよね。
僕は、物理学的視点で、どうしてスプーンが曲がるのかを検証していく。そうしているうちに、縄文の真実についても伝わっていくという流れができるといいと思うのです。

バーディー　伝記とか伝承の話だと、全部「それ、見たんか」と思ってしまいますからね。

空海が奇跡を起こしたとか言われても、「あなたは見たのですか」となる。今の人たちは誰一人として実際には見ていないのですから。

今は1億総カメラマンといわれる時代ですから、これからはすべて動画を撮らないとダメです。

保江先生は、念力を使って物が動いているところの動画を見せてくれましたから、「本当にあるのでしょう」と認めざるを得ません。そうしたはっきりとした証拠があるといいですね。

保江　響さんにはその動画をお見せしていないので説明すると、広島県福山市の、あるフィリピンパブでの話です。

福山には大きな製鉄会社があって、スナックなどの飲食店が多いのですね。そのフィリピンパブに通っていたお客さんで、僕の道場にも稽古に通ってきていた建設会社の社長さんから聞いた話なのですが、その店には、手を触れずに物を動かせるホステスさんがいると。もちろん、フィリピン人の女性です。

社長さんが、

「今ここで、やってみせてよ」と言うと、女性は果物が乗った大皿を、みんなの前で手を触れずに動かして見せたというのです。

社長さんは、周りのみんなもキャーとかオーとか言って驚いている場面を動画に撮っていて、僕に送ってくれたのですが、それを僕がバーディーさんに見せたのです。

バーディー　動画があれば、検証ができますよね。

保江　それを見て僕も興味を持ったので、社長さんに、

「どうしてそんなことができるのか、女性から話を聞きましたか？」とうかがいました。

社長さんはもちろん聞いてみたそうです。彼女はフィリピンのジャングルの奥にある村で育ったということで、

「村の女性は全員、手を触れずに物を動かして洗濯や炊事をするんです」と言っていたそうです。自分のおばあちゃんも、お母さんもお姉さんも、隣の家の女性もみんな、手を触れないで物を動かしていたと。

それを子供の頃から見ていたから、それが当たり前だと思っていたし、自分も自然にできていたという。

ただ、彼女が村を離れて日本に働きに出る前に、お母さんからは、「人前では、決してこれをやってはいけないよ。あなたは当たり前のことだと思っているけれど、よそに行ったらそうではないのだから」と注意されていたとのことです。

それでも、忙しいときなどはついやってしまって、店のママや同僚に見られてしまい、お客さんの一部にも知られていたと。

響　それはぜひ見てみたいですね。

保江　この話は15、6年前くらいのことで、彼女はその後すぐに店を辞めてしまったそうです。

僕は社長さんに、「どうしても彼女に会いたい」と言ったのですが、今は福山で、仕事をせずに日本人の男性と暮らしているとのことでした。

それでも、社長さんはなんとか彼女と連絡を取ってくれて、「あなたに興味を持つ物理学者がぜひ会いたいと言っています」と伝えてくれました。

それが、２０２１年くらいの話です。

彼女は、「会ってもいい」と言ってくれたそうなのですが、同居している男性には持病があって、新型コロナウイルスの感染を非常に恐れていました。感染拡大で日本中が大騒ぎになっていた頃ですからね。彼女は、

「コロナが落ち着いて夫が安心したら、みなさんの目の前でやって見せます」と言ってくれているので、今は連絡を待っているところです。

バーディー　そろそろ、大丈夫じゃないですか。

保江　ええ。社長さんにまたコンタクトをとってもらって、後日談は、他の本になると思いますが読者の皆さんにも報告したいですね。

さて、その女性は、子供の頃から周囲の女性が、手を触れずに物を動かすのを見てきました。それが、１００％当たり前だと思っているからできるのですよね。

バーディー　僕も、フィリピンの女性が机の上の果物の皿を動かした動画を見たのですよ。眼の前で見ていたお客さんたちが、「動いているよ」と驚いていて。

響さんは、実際にそういうことが起こりうると思いますか？

響　僕はあると思いますね。僕も今まで、常識では考えられないことに遭遇し続けてきましたから。

たとえば、以前、サイババの暴露本が出たことがあります。ビブーティ（聖灰）は手に隠していたとか、物質化現象を起こすときには、必ず椅子の下に手を入れていたとか書いてありました。

それを実際に写真に撮ったという内容もあって、それから多くの人が彼を疑うようになりました。

バーディー　それは、以前からも言われていましたよね。

響　それまでにも疑う人はいたけれど、ウソだという証拠もなかったのに、その暴露本の出版で、やはりそうかということになりました。

そうした不思議なことをウソだとか迷信だと言う人もいますが、思い出すことがあるのです。

日本の会社は以前、アフリカの森林を伐採してボーキサイトを採掘していました。

現地の人は、災いが起こるから絶対にやらないでくれと言ったのですが、「それは絶対に迷信だから大丈夫。そんなことはありえない」と主張して、採掘を続けました。

でも長い目で見たら、アフリカの豊かな森林を伐採したために、今は温暖化による大きな災いが起きているともいえます。

迷信を作る人というのはたいがい先見性を持っていて、人々にそれを信じ込ませることで、災いから回避させようとしていることが多いのです。

それなのに、「それは迷信で、そんなことはありえない」と言って無視すると、本当に大きな災いにつながっていきます。

迷信を否定する人は、身の周りの小さなところしか見ていない……大局を見ていないと思うのです。
みんながもっと俯瞰の視点を持つ必要があるし、反対派の意見もリスペクトすることが大事なのではないかと思っています。
一方で、我が家も、先祖供養という話に騙されて財産を全部持っていかれたという経験があるのです。

バーディー　騙されたというのは、どの時点で気づくのですか。
そもそも、先祖を供養したかどうかは、わからないですよね。

響　本来、先祖供養をする人は、お寺などで修業した人ですよね。

バーディー　教会の人もいれば、お寺の人もいるし、自称超能力者もいるでしょうね。単に私には霊が見える、という人もいるかもしれません。
先祖供養で騙されたというのは、どの段階で騙されたことになるのでしょうか。

響　先祖供養をしてくれた人が、これに投資したらお金が儲かりますよと話を持ち掛けてきたという流れですね。

バーディー　それは確かに詐欺ですね。でもそれは投資詐欺で、先祖供養詐欺とは少し違うような気もします。

響　しかし、最初に先祖供養をかたって近寄ってきているわけです。相手に「供養をしないと不幸なことが起こりますよ」と恐怖心を植え付けた上で、依存心を生じさせ、あれこれ勧誘するのですよ。迷信を信じてしまう人の心に付け込む、そうしたやり方は決して許してはいけないと思います。

バーディー　四十九日も水子供養も、似たようなものではないでしょうか。お寺さんが、「四十九日でまた供養しなさい。1回忌、2回忌もきちんとしないといけません」と言うのは、「やらないと良くないことが起こりますよ」と言っているわけでしょう。

水子供養でも、

「あなたの肩に水子が見えます、供養をしてください。良くないことが起こりますよ」などと言われたり。

宗教には、そうした一面がありますよね。悪い人間や偽物に騙されても、気付きにくいといいますか。


保江　確かにそうですね。バーディーさんは今、痛いところを突いたと思います。

全財産を巻き上げようが、本当に供養されていて、あの世で不満がなければ、それでもいいのかもしれない。

それは関西人の発想なのかもしれませんが、そういう議論はとても面白いですね。

バーディー　僕の意見としては、たとえば、漁師が大漁祈願をしてもらった後、津波で船が全部流されたりしたら、訴えてもいいんじゃないかと思います。
何の効果もないのは、騙されたのだと。

響　祈願の効果は証明できないですよね。祈願していなければ、もっと被害が大きかったはずと反論されるかもしれませんし。

バーディー　先祖供養をしたのに、先祖が枕元に立って、苦しい、助けてくれと言ってきたなら、明らかに供養されていないと思うでしょうね。

でも、先祖供養の効果は普通、見えないものだから、騙されたかどうかわかりません。

神社で交通安全のお守りを買って、翌日、交通事故に遭っても訴えることはできませんし、学問の神様がいるという神社で合格祈願の祈祷を受けたにも関わらず試験に落ちても、詐欺だとは言えないですよね。

保江　日本においては、訴えることはできません。そのとおりです。

バーディー　でもこの場合は、宗教を利用した詐欺になるでしょう。

保江　うまくいかなかったら詐欺になりますね。

バーディー　新興宗教が壺を売って、「幸せになります」と言えば「霊感商法」だと思われ、悪質とみなされた場合は詐欺で逮捕されることもあります。

それとか、「この水晶を持てばお金持ちになります」といった広告を見ますよね。

誇大広告で指導されることもあるようですが、ご利益をうたう神社やお寺とどこが違うのかというと、線引きが難しい。

合格の神様、恋愛成就、病気が治るなどと宣伝している神社やお寺は数多くあります。有名だから指導されないのか、金額が小さければよいのか、という疑問が湧きますね。

保江　そうですよね。昔からある神社やお寺でなければ、うさんくさい目で見られて「怪しい」と言われてしまいます。

サイババの真実――ノーベル賞候補だった研究者の弟子の実話

保江　サイババも、僕から見ると本物です。

量子力学の話をすると、電子とか光子は、2つの窓を同時に出て行っているとしか考えられない挙動をしています。両方同時にとしか考えられないというのは、方程式で計算すると、計算上はそうなっているという意味です。

何故、計算でしか確かめられないのかといえば、実際にそれを実験して確認する方法がなかったからです。電子や光子を観測する実験なんてできないと、誰もが思っていました。

でも、世界で最初に実験した人が現れました。

日本人で、静岡にある浜松ホトニクスという会社で研究所長をしていた土屋裕さんという方です。

スーパーカミオカンデという実験施設はご存知だと思います。ノーベル物理学賞を受賞した小柴昌俊先生が、ニュートリノを観測する際に使った施設ですが、その施設で使われる光電子増倍管を作ったのが、浜松ホトニクスでした。

もともとセンサーや計測装置などを作る会社ですが、世界的に名を知られています。サイドワインダーという赤外線追尾ミサイルがあるでしょう。あの目玉部分、センサーは浜松ホトニクス製のものが世界一の性能だそうです。狙った獲物は外さない。

そんなメーカーの土屋先生が、電子や光子の動きを世界で初めて実験で確認したのです。

バーディー　すごい成果ですね。

保江　だから、彼はノーベル賞候補だったのです。ところが、彼は所長だったので忙しく、実際に実験をやってくれたのは部下たちでした。

その部下の1人が、50代後半で肝臓がんの末期だと診断されました。

「何故、ここまで放っておいたのだ」と医師には言われ、余命半年の宣告を受けました。それで、「家族に何と言えばいいのだろう」と落ち込みながら家に帰ると、家の中はすでに暗い雰囲気でした。

何故かといえば、なんと、20代後半の息子が肝臓がんと診断されたというのです。

響　それはひどい。

保江　息子も妻もとても落ち込んでいたので、その場で「自分も肝臓がんだ」と言えなかったそうです。

もう、彼はダブルショックで、暗い表情をしている2人の横で簡単に夕食を済ませた後は、自分の部屋で横になりました。

かといって、ほかにすることもないから、テレビをつけたそうです。

すると、当時はその存在すら知らなかったそうですが、サイババがビブーティを出し、多くの人の病気を治していると紹介されていました。

それを見て、彼はなぜか、「もうこれしかない」と思い、次の日は会社を休んで旅行代理店に足を運び、サイババに会いに行くために、息子との2人分の旅行を手配しました。

どこに行けば会えるのかもわからなかったので、すべて旅行会社に任せて現地に1週間滞在する日程を組んでもらい、息子に何も説明しないまま、

「いいからついてこい」と連れ出しました。

バーディー　「いいからついてこい」とインドですか。

保江　インドのホテルで、

「サイババのサティアンに行きたい」と言うとタクシーを用意してくれて、着いたら2000人ぐらいの人がいたそうです。

サイババがいつもいるのは、小さい掘立小屋のようなところなのですが、インドにはカースト制度があるでしょう。だから、小屋の周りに近づけるのは上位階級の人だけで、その周りに次の階級、さらにその周りに最下層と、身分で区別されていて、外国人は最下層の人たちのさらに後なのです。

それを知って、彼は愕然としました。

「これではどうにもならない。インドまでやってくるなんて、愚かなことをしてしまった」と。

でも、タクシーの運転手さんが「大丈夫」と言ったのです。

「サイババは何でもわかるから、とにかく、外国人たちが座っているところで、頭を下げて待っていなさい。大丈夫だから」と。

そこで、とりあえず外国人に交じって頭を下げていたら、しばらくして人々の間から歓声が上がりました。

「あっ、サイババが出てきたのかな」と思って顔を上げると、係員から頭を下げろと押し付けられたのでまた平伏していたら、周囲がなんだか騒がしくなってくる。

気になってまた顔を上げたら、サイババが真っすぐに彼らのもとに向かってくるところだったのです。

そして、サイババは二人の前に立つと、ニコッと笑って二人の頭を触り、また、戻っていってしまいました。

周囲の人はみんな、自分たちを羨望の眼差しで見ていたものの、それ以上のことはなかったし、「仕方がないな」と予定を早めて帰国しました。

すると、帰国して数日後に、会社にいる父親に妻から電話がかかってきました。息子が再検査を受けたら、がんが消えていたというのです。

「もしや、サイババのおかげか」と思った彼は、自分も検査を受けてみました。

すると、彼のがんも消えていたそうです。

これが、世界で初めて量子の不思議な性質を実験で確認した研究グループの中に起きた出来事です。僕は、大発見のご褒美だと思いましたね。


響　そうですね。僕は、サイババが何をやっていたかではなくて、どういう結果を残したかが重要だと思っているのです。

僕が生きている間に何が起こっても、そんなことはどうでもいいことで、僕が死んで、それから後に何が生まれて何が起きているかというのが一番重要なことだと思います。

僕が本物かどうかというのは、死んだ後に何が起こるかで判断してもらえればいい。今は、どう思われてもかまわないのです。

バーディー　保江先生は科学的な話、量子力学などの物理的な話に基づいたうえで、スピリチュアルなこともおっしゃるから、僕も面白く聞いています。

けれど、一般の人が「私は気功師です」、「私は波動が使えます」、「私は霊が見えます」、「オーラが見えます」と言っても、基本的には疑いを持ちます。

それは、僕がマジシャンだからです。

先日も、気功師を名乗る男性が来て、

「私はアトピーもがんも治したことがあるのです」と言うのですが、その男性は髪が薄いのです。そこで、

「自分の薄毛を治したらどうですか」と言ったのです。

髪の毛も生やせないのにアトピーを治せると言われても、信じられないのですね。

そういうことを言っているから、僕はダメなんでしょうけど。

保江　そう言っているバーディさんご自身が、スプーン曲げができるというところがすごいのですよ。

バーディー　でもそれを、過大に期待されることもあるから困るんですね。
僕はマジシャンでありたいと思っているのです。響さんはリアルファンタジーですが、僕はマジシャンですから。不思議なことへの要求に応えていくと、際限がありません。
先日も、保江先生のファンがジュースなどを作るミキサーを持ってきたのですよ。

保江　どうしてミキサーを？

バーディー　壊れているから、直してほしいと言って。

響　本当にそんなことがあるのですね。

バーディー　フライパンを持ってきて、穴をふさいでくれと言われたこともあります。
バーディーはスプーンに穴を開けたとか、折れたスプーンを手で溶接してくっつけたなどと口コミで広がっているようです。
ある人のＳＮＳにも、「バーディーさんは口から火を吹いて溶接した」と書き込まれているのです。

保江　サラマンダー（＊西欧で火の精と言われる怪物）みたいに火を吹いたのですね。

バーディー　僕は確かに、口から少し煙が出るというパフォーマンスはやっています。でも、火を吹いたりはしませんよ、危ないし。

するると、次から次へと「口から火を吹いてください」というお客さんがやってきました。

たとえそれができたとしても、消防署に注意されるでしょう。

あまり過剰に評価されるのも困りものです。

保江　なるほどね。

バーディー　もちろん、30年がたやっていますから、少し不思議なこと、上澄みみたいなものはあると思いますけれどね。

保江　まさに、そこなのですよ。その上澄みを超能力だと言ってもいいのかもしれません。

昔、岡山大学医学部に、有名な外科の教授がいました。

当時、盲腸というのはすぐにお腹を切っていましたが、中学生や高校生くらいの女の子だと、親から、

「結婚前なのにお腹に傷を残したくない。傷のないようにしてください」と頼まれることが多かったのです。

抗菌薬で内科的に治療することもできるのですが、悪化するとやはり、手術しなければなりません。盲腸は、甘く見て手遅れになると亡くなることもありますから。


でも、その教授は、傷跡が残らないように手術ができるということで有名だったのです。

どのような手術かといえば、鋭いメスで患者のお腹に1点だけ、ほんの刺し傷程度の小さな穴を開けるのです。

そこを先生が指でなでると、切り口がだんだん伸びていき、ゴムのように広がっていって、盲腸をつまみ出せるくらいの大きさになります。

響　傷口が裂けるわけではなく、自然に広がっていくのですね。

保江　その傷口から盲腸をつまみあげて切って、結んでから傷口をなでると、傷口は元の大きさに戻っていきます。

最後は縫うこともせず、自然に傷口がふさがるのを待つだけだったそうです。

だから、傷口も残らない。それも、超能力ですよね、ほかの医者にはできないのですから。

響　今もそうして手術をしておられるのですか。

保江　いえ、もう引退されていますね。

バーディー　昔、心霊手術とかあったでしょう。

保江　東南アジアのほうにありましたね。

バーディー　たまに、手口を暴かれたりする医者がいました。鶏の臓器を手に隠し持っていたとか、手術をしている振りだけとかありましたよね。だから、本当に不思議な力を持つ人はいるのかもしれないけれど、全員が本物だと信じてしまうのはよくありません。

保江　そのとおりですね。本物もいるけれど、その100倍ぐらいの偽物がいます。

バーディー　とはいえ、マジックもやはり、嘘をつくことが多いのですね。たとえば、「カードを当てます」というときに、「あなたの心が見えるのです」と言ったりするでしょう。

では、本当に心が見えるのかと聞かれたときに、どう答えるべきなのか。ここで、マジシャンとしてのモラルは守らなくてはなりません。

「はい、見えます。ハートの3です。私はあなたの心が見えたのです」と答えるのは問題ないでしょう。

しかし、「私の悩みを当ててください」とか言われたときには、

「いやいや、これはマジックですから当てるのはカードだけです」と答えます。そこはモラルとして、守っているつもりです。

マジックというショーの範囲内なら、そこは深く考えなくてもいいと思います。

素人にはできない技を真剣に見せているけれど、そこには演出もある。いわば、プロレスラーと同じような感覚もあると思います。

保江　本気でプロレスをやっている気分なのですね。

バーディー　プロレスでも、お客さんの中には、「あれは傷害事件だろう」という人もいますよね。

「いやいや、ショーですから」と言っても、確かに血が出ている。人をぶったり転ばせたりして血が出たのなら、間違いなく傷害事件ですよね。

保江　折りたたみ椅子で叩かれることもあるしね。

バーディー　「あれはもう暴力です。警察に通報したほうがいいですよ」と真剣になる人がいるようです。保江先生のファンは、そういうタイプの人が多いのですよ。僕が、「これはショーですから」と言っても、なかなか受け入れてもらえないのです。

以前、ある高齢の女性客が、

「バーディーさん、メッセージをください」って言うのですよ。

「何ですか、メッセージって」と聞くと、

「宇宙のメッセージをください。私、保江邦夫先生の本を見てここに来たのです。バーディーさんにメッセージをいただきたいのです」と繰り返すのです。

僕が不思議そうな顔をすると、

「そこに書いてあるじゃないですか。メッセージ、700円って」と言うので、指さすほうを見たら「ソーセージ700円」と書いてあるのです。

「いや、お客さん、これはソーセージです」と言うと、他のお客さんは、必死に笑いをこらえていました。

ともかく、マジックはショーなのですね。楽しんでいただけたら、それでいいのです。

保江　そうか、マジックはプロレスなのですね。

心の中の神様を目覚めさせるマジック

バーディー　本当に不思議なことは、世の中にいっぱいあります。

以前の対談本でもお話ししましたが（『マジカルヒプノティスト　スプーンはなぜ曲がるのか？』保江邦夫氏との共著　明窓出版）、本当にスプーンを曲げる中学生の女の子がいましたし、神社のご利益のようなもので宝くじを当てるという人もいます。僕もそれで、100万円当たりました。

そういうことはたくさんあるのですけれど、マジックショーはあくまでもショーです。

それを見ることによって、何かに目覚める人や、本当に不思議な領域まで行く人は確かにいるのですが。

響　広島にも、不思議な力を持っている人がいますよ。もちろん、僕もしっかりこの目でチェックしたのですが、スプーン曲げを超えているのです。スプーンを指でつまんでいるだけなのですが、スプーンがパキンと割れるのですよ。

保江　つまんでいる部分が割れるのですか。

響　つまんでいない部分が、持っているだけでパキンと割れるのです。

バーディー　不思議な人はたくさんいるし、不思議な経験も数多くあります。ただ、それは人それぞれ、心の内側に神様がいるという話だと僕は思っています。その神様を目覚めさせるというか、そうした存在に気付くために、僕はマジックをやっていて、一方で、「もっと、売り上げを伸ばさないと」みたいな、極めて現実的なことを考えているわけです。

ですから、「皆さんの幸せのために」「病気を治せますよ」などと言って、不思議なことを見せる人には気を付けなくてはいけない。必ずしも本物とは限りません。

少なくとも僕は、自分の薄毛を放置している気功師は信用しません。


保江　バーディーさんが、マジックはプロレスだとおっしゃったのは言い得て妙というか、ちょっと感動しました。

バーディーさんは、普通のマジシャンの技術、経験値の上に、上澄みのようなものがあると教えてくれました。

その上澄みの部分が、響さんの場合は愛なのでしょう。

僕の場合は、数式交じりの屁理屈です、物理学で理論武装した。

そして、バーディーさんの場合、それは何だろうなと思っていたのですが、なんとそれはプロレスでした。マジックはプロレスだと。

バーディー　僕にとって不思議な力とか、超能力といったものは興味本位なのです。

だから、本当に不思議なものには存在していてほしいし、超能力者も見てみたい。奇跡も見たい。でも今のところ、僕の目の前で見せてくれた人はいないわけですよ。どこからどう見ても、僕のマジックをはるかに超えていて、どうやっているのかまったくわからない、いったいこれはなんだろう、というものがほしいのです。

気功師が、手で押し出すような仕草をすると、離れている場所の人が倒れるという技がありますよね。

でも、倒れるのが気功教室の生徒ばかりなら、倒される側が相手を信じているから技に反応するのではないかと思っています。プラセボ効果のようなものでね。

だから、本当に気が出ているのかどうかまではわかりません。

僕は、不思議なものを見たいという気持ちが、他のマジシャンよりも強いはずです。

そして、自分も不思議なことをやりたいと思っています。催眠術も勉強しましたし、超能力などについても勉強しています。

本当に超能力者がいるのなら、ぜひ僕の店に来て、その能力を僕の目の前で披露してほしい。心からそう思っています。

保江　僕も興味本位で、超能力ハンターを結成したと言っていると、連絡してくる人も実際にいるのですよ。

ただ、本物がいたらバーディーさんにも伝えようと思っているのですが、いまだに本物と思えて紹介したくなる人はいない。

バーディー　どんな人から連絡があるのですか。

保江　歯医者や治療師で、超能力で治療していますという人がけっこう多いですね。

実際に、会いに行ったこともあるのですよ。相手は喜んでいたけれども、どう見ても超能力ではない。

岡山大で傷跡を残さずに盲腸を切る先生のほうが、よほど超能力者ですよ。

響　確かに、痛くない治療をする歯医者さんはいますよね。

バーディー　催眠とか暗示のようなものだと思うのですよ。

お医者さんに、「チクッとしますよ」と言われると、思ったより痛く感じることってありますよね。

人間の痛覚や味覚、触覚というのは、イメージによって変わってしまうことがあります。「全然痛くないから大丈夫ですよ」と言われたら、痛く感じないんだと思います。

つまり、頭の中のイメージを刺激するということなのでしょう。

針を刺しているのに痛く感じさせないというのはすごい能力ですが、「痛くないですよ。あなたは大丈夫ですよ」と暗示をかけることで、本当に痛くなくなるということもあるのです。

だから、世界で起こっている奇跡とか不思議というのは、それぞれの人の中にある能力を開花させることではないかと思います。

保江　人それぞれが持つ能力を、目覚めさせるということですね。

バーディー　スプーンを曲げられるとみんな不思議に思いますが、マジシャンの中にはそういう能力が開花する人もいるのだと思います。
それは、ずっと不思議なことをやっているからです。

ずっと不思議なことをやって、お客さんに喜んでもらうのが嬉しい。
「不思議だ……、あなたはすごい力を持っていますね」と言ってくれるでしょう。
「バーディーさんすごい、もう超能力じゃないですか」と言われ続ける環境に身を置いていたら、僕も本当に不思議なことができるようになるのではないか、それは超能力なのではないかと思うようになります。
一種の思い込みですよね。

保江　思い込みというか、それが催眠でもありますね。

バーディー　それが、上澄みの部分です。

響　それは今、研究されていますよね。エンパシーといいますけれど。

本当に自分が超能力者だと思えば、相手にそのイメージを伝えられるのです。

マジシャンは、そういう研究をするのですね。たとえば、サイコロジカルフォース（＊カードなどを、相手の自由意思で選ばせたと思わせる手法）とか。

この言葉を聞くと、自分には無理だと、ほとんどのマジシャンは避けるのですが。

本当は、言葉の波長も、全部コントロールしなくてはいけないのですよ。周波数もコントロールしたり、ほかにもいろいろと研究しなければなりません。


たとえば、アメリカのように広大な土地がある国の人だと、

「頭の中で何か絵を思い描いてください。簡単な絵でいいですよ」と言うと、ほとんどの人が家か木のどちらか、あるいは両方を描くのです。

でも、日本人はほとんど家とか木は描かないですね。国土の広さの違いかと思います。

ということは、日本人に合ったサイコロジカルフォースをしなくてはいけないのです。

ほとんどのマジシャンはそれを考えるのが面倒で、やってみようとは思わないのです。そんなに膨大な時間をかけて、さまざまな研究をして、いろいろ試してみるのが面倒だというのです。

バーディー　僕は催眠を習ったから、サイコロジカルフォースという部分は難しいとは全く思っていません。

こっち側が思ったらいいだけですから。「これは本当に面白い」と思って話すと、お客さんは笑うのです。

「これ見てください、ルービックキューブですよ」と言ったら、お客さんはルービックキューブを見て、なんか面白いのかなという気持ちになってきます。

「不思議だな」と思うと、それもまた伝わります。

「これは甘いですよ、むちゃくちゃ甘いです」と言いながら、食べ物を渡すとお客さんは「甘い」と言います。

だから、このカードを引いて欲しいなと思いながら、「１枚引いてください」と言えば、そのカードを引いてくれます。

これが、いわゆるフォースという強制的に相手に何かをさせる、マジシャンがよく使う技です。

だから、マジシャンは催眠術をベースにしたほうがいいのですよ。

保江　わかる気がしますね。

バーディー　そうすれば、超能力といわれるものの、原理も全て見えてきます。

気功の先生が手を触れずに何か技を使うと、相手が「うっ」と言って苦しむ、というのは、相手の中の何かが刺激されてそういうことが起こるのだというのが全部見えてくるのです。

その先に、宝くじが当たるといった「引き寄せ」のような超常現象があります。

マジックは欲望の塊だと、僕は思っているのです。

保江　人間の欲望が生み出すものだと。

バーディー　そうです。超能力が存在していてほしい。不思議な出来事が起きてほしい。非日常に逃げたい。

そういうのをわずかながらにも表現できるものが、マジックだと思っています。

だから、保江邦夫ファンのみなさんは、「そういうものが実際にあったらいい」と思いながら、僕の店にやってくるのです。

保江　そうですね。

バーディー　スプーン曲げを見て、「やっぱり、超能力は存在したのだ」と言って帰っていくわけです。

「これはもうマジックじゃない、超能力だ」と。

保江　みんなが満足して、幸せな気分で帰っていくのですね。

プロレスのように楽しめるのがマジックショー

響　実は、僕もプロレスの話をよく弟子たちにするのです。

たとえばプロレスラーは、「自分たちがやらせをしている」とは誰も思っていないでしょう。心の底から、本気で戦っていると思い込んでやっていますよね。

バーディー　僕はやらせだとしか見ていないけれど。

保江　僕もやらせだと思っています。

響　でも、実際に「やらせだ」と言う人って、プロレスラーの中には一人もいないですよね。

バーディー　プロレスラーの中にはいないですよ、もちろん。プロレスファンの中にも、ガチだと思い込んで楽しむ人たちがいます。

でも、わかっているじゃないですか、みんなホントは。

ブレーンバスターは相手が協力してくれないとかからないし、卍《まんじ》固めも相手がかかる体勢になってくれないとかからない。チョップをしたときには、それほど効いてなさそうでもフラフラするとかあるでしょう。


保江　プロレスには、暗黙のルールがあるのです。

相手に技を堂々とかけさせてやる。それでも俺は耐えられるのだというところを見せたら、今度はこっちが技をかける。もちろん、そのときにも相手は真っ向から受け止めます。

だから、本当に相手が技をかけやすいような姿勢にするのですよ。

それで、普通なら一発でノックダウンされるはずなのに、俺は日頃鍛えているから、簡単にやられないんだ、ギリギリで耐えているのだというところを見せるのです。

そうして、交互に技を掛け合って、最後までスタンドアップしていたほうが勝ちというわけです。

バーディー　その勝敗に関して、ストーリーも求められますよね。
本当に勝とうと思ったら、ロープに振られても帰ってこなければいいのに、わざわざやられにいくという。

保江　その辺はみんなを沸かせる、楽しませるというのが一番で、そのつど、いろんなファクターでシナリオを作り上げたらいいのですよ。

それに彼らのすごいのは、正々堂々と真正面から技を受けて、後頭部から落とされてもなお、平気で立ち上がってくるところですよね。

響　普通は耐えられないですよ。

保江　一発で失神しますよ。そのために日頃鍛えている。そこがすごいのですね。

だからプロレスを、「やらせだから大したことはない」なんて思ってはいけない。

どんな技を受けても倒れない強靭な体を持っているというのは確かなのですから。

バーディー　実際、プロレスラーは総合格闘技に行っても、そこそこ戦えますからね。打たれ強さがありますから。

響　広島には、デビルズマジシャンという面白いプロレスラーがいるのです。

バーディー　名前からして悪そうですね。

響　プロレスの合間に、マジックがいっぱい出てくるのですよ。

保江　余裕がありますね。

響　空中からステッキが飛び出すアピアリングケーンを使って、ステッキで相手を殴るとか、マジックを使って反則をするのです。
彼に、何かほかに使えそうな技がないかと聞かれるのですが、難しいですよね。

バーディー　プロレスで使えるマジックですか。
空中に浮くダンシングケーンのステッキで殴るとか、どうでしょう。

響　僕もいろいろ意見を出すのですが、難しくて。

バーディー　後は火を吹くぐらいでしょうか。

響　火を出すのは無理みたいです。ボディチェックに引っかかってしまうそうです。

バーディー　でも、タイガー・ジェット・シンだってサーベルを持っていましたよね。そこはうまくできるのではないですか。

響　意外とダメなようです。

チェックをくぐり抜けるようなことができないかと相談されるのですが、どこまでがダメで、どこからOKなのか僕らにはわからないので、アドバイスのしようがないのですよね。

バーディー　プロレスで、技の凄さやそれに耐えられるレスラーの強靭さを楽しむように、マジックもショーとして楽しんでほしいのですよ。

それを超能力って言われてしまうとなかなか、つらいものがあります。

「いや、マジックですよ」と言ってしまうと、お客さんはがっかりしてしまうし。


響　僕には昔から、因縁みたいなトラウマがあるのですよ。

超能力だったら見たいと言ってくれるけれど、マジックだったら別に見たくないと言われてしまうことに対するトラウマです。

みんな、そんなふうに思っていて、マジックと超能力を別物扱いしています。

結局、超能力と言ってやっても、「いやいや、それはマジックでしょう」と言われるし、逆にマジックだと言っても、「それはマジックではない、超能力でしょう」と言われてしまいます。

結局どっちをやっても、否定されてしまうことに変わりはないのです。

超能力といえば、それが超能力だと思ってもらえるというわけではありませんよね。

バーディー　何かを持っていることは確かです。それはある程度、不思議なことにずっと関わってきているからです。人よりも不思議なものに対して過敏である傾向はありますね。

自己暗示で世界に認められる方程式をひらめく

保江　自己暗示もありますよね。バーディーさんがさきほど、お客さんに「すごいですね」と言われていたら、自分はすごいと思えてくるという話をしていましたが、僕も周りにおだてられて人生が変わるという経験をしたのですよ。

僕は、東北大学理学部の天文学科を卒業しました。なぜ天文学科に行きたかったかというと、UFOと宇宙人の研究をしたかったからなのです。

UFOと宇宙人の研究なら当然、天文学科だろうと、純粋に高校生の頃、信じていたのです。

そして、大学3年生になって、教授に、

「何の研究をしたいんだ」と聞かれたとき、堂々と、

「UFOと宇宙人の研究をします」と言いました。

純粋にそう思って言ったのに、教授には、

「バカもの、大学でそんなことが研究できるわけがないだろう」と叱られてしまいました。

天文学科でできないんだったら一体どこで研究できるのだろうと、僕は途方に暮れました。

このまま天文学を続けても、UFOや宇宙人の研究はできないし、いまさら社会人になるのも無理です。

どこかの大学院に行くしかないのですが、UFOや宇宙人の研究ができないなら天文学の大学院に行くのもばかばかしい。

そこで、大学院で物理学を勉強しようと思いました。物理学を学んで、UFOの原理を研究しようと思ったのです。

僕の大学の天文学科というのは基本的に、物理学科の授業も受けていました。物理学科の

学生が実験をやっている時間には、天文学の授業を受けて、天文学の実習をしていました。だから物理の実験はやったことがないですが、知識はあります。

そこで、物理の大学院に進むことにしたのです。

ただ、大学での物理の実験をしたことがないから理論物理学の道に進むしかなかったのですが、当時、理論物理学で日本の最先端といったら湯川秀樹先生、朝永《ともなが》振一郎先生を輩出した京都大学でした。

そこで、京大の大学院に進みました。

でも、本当は落ちたも同然なのに教授にごまをすって、奇跡的に受かっただけです。本当は、最初から落ちこぼれだったわけです。

もともとは天文学科なのですから、理論物理は畑違いですよ。

「こんなことも知らないの」などと言われて、どん底でした。

僕の大学時代を知っている人には、

「あいつはダメ、UFOとか宇宙人が好きなだけだから」と言われ、大学院でも、

「あいつはまともな成績も取れずに、教授にごまをすって入っただけだから」などと言われて、耳に入ってくるのは「あいつはダメ」という悪口ばかりでした。

だから、大学院では本当にずっとダメでした。

そんなあるとき、「このままでは、僕の人生はどうにもならない。やり直そう」と思ったのです。

バーディー　すべてチャラにして、一からやり直そうと思ったわけですね。

保江　新しい保江邦夫になろうと思って、そのためには日本にそのままいては無理だと思ったのです。

日本ではもう「ダメレッテル」を貼られているから、外国に行くしかないと。

それで、必死になって留学生試験を受けたのですが、それも最悪でした。

「お前ごときの成績で国費留学生とは何事だ。恥を知れ」とまで言われました。

そこで、今度は先輩の真似をして、海外の大学に手紙を書きました。

博士号を取った先輩が書いた手紙もほとんどは無視されているのに、やってみればなんとかなるのではないかと望みを託したのです。

先輩から手紙の見本を見せてもらって、まだ博士号も取っていないのに、博士号も取得済みと嘘も書いてしまいました。

3通書いたのですが、それで飽きてしまって「もうやめよう」と思っていたら、なんとその内の1通を送ったスイスのジュネーブ大学から、「すぐに来られるのなら、雇ってやる」という返事が来てしまったのです。


ただ、博士号を取っていないので、このままでは学歴詐称になってしまうと、教授に、「職が決まったので、学位が欲しいのです」と頼みました。

幸い、論文はけっこう書いていて、あとは審査だけだったのです。でも、審査も学内の人間関係のしがらみとかあって、大変なのですよ。

「あんな落ちこぼれに学位なんて」とも言われるし。


ところが、幸いなことに審査委員会の中に、東北大学理学部の出身者がいました。その彼が、

「東北大天文学科というのは、物理系に入学した学生300人のうち、トップ5人しか入れない」と言ってくれたのです。

それは、確かに事実なのです。僕の学年以外は。

バーディー　保江先生の学年だけは違ったのですか？

保江　僕が入学した年は大学紛争の真っただ中でしたから、学部に進学できた学生は全体の3割のみ。その中で天文学科を希望したのが、5人しかいなかったのです。

でも、僕の学年以外は、もっと希望者がおおぜいいて、その中のトップ5人しか入れなかったのは確かです。

その人が、東北大学天文学科なら超優秀な学生のはずだと後押ししてくれて、それで審査委員会の雰囲気がガラッと変わり、めでたく博士号をもらえました。

バーディー　まさに綱渡りですね。

保江　それでスイスに行くことになったのですが、こちらは、「これで人生をリセットできなかったら、もう人生も終わりだ」という背水の陣ですよ。

自分は優秀な人間なんだと自分に言い聞かせて、スイスに渡りました。

当時、東洋人でスイスの大学に行く人はほとんどいませんでした。

だから、向こうの人たちも勝手に、「日本では優秀だったに違いない。わざわざ一人で日本から来るくらいだから」と思い込み、けっこう噂になっていました。

そうした噂は、回り回って僕の耳にも入るわけです。

「君、優秀なんだってね」と、初めて会った人に言われることもありました。

バーディー　それで、その気になったのですね。

保江　その気になったのですよ。

だって図書館の女性職員まで、「すごい人ね」とか言ってくれるわけですよ。握手まで求めてくる人もいて、ちょっとしたヒーローです。

嘘でもいいから、そうした立場になるとそのうちに実力がついてくるものです。

響　そして、ドイツのアウトバーンで「ヤスエ方程式」をひらめくのですね。

保江　ドイツのアウトバーン、つまり高速道路ですけれど、そこで車を運転中、頭に方程式が浮かんできたのです。

その方程式を発表したら、割と有名になってしまいました。

バーディー　まさに、マジシャンが不思議なことに携わっているうちに、本当に少し不思議な能力を持つようになるという話に近いですよね。

保江　あのとき、スイスの大学の人たちがみんな、「素晴らしい人だ」と言って僕をその気にさせてくれていたからこそ、アウトバーンを走っている途中に数式がひらめいて、それが大当たりだったわけです。

バーディー　子供を褒めて育てるという話に通じますよね。
保江　褒めて育てる。そのとおりですね。
バーディー　かわいい、かわいいと言って育てたら、かわいい子になるし。
保江　褒め殺しという言葉もあって、褒めて甘やかしてダメにしないように気を付けないといけないですが、褒めちぎるのはいいことですよね。
バーディー　素直に褒めるのはいいことだと思います。
保江　超能力者、マジシャンだって褒めちぎられたほうが、「豚もおだてりゃ木に登る」というわけで、超能力者になるのですよ。
「マジシャンもおだてりゃ超能力者に」、これはいい言葉ですよ。

日本一のマジックバーで見られるリアルファンタジーとは？

バーディー　響さんは、どういうふうに観客に思われたいとか、考えることはあるのですか。

響　僕は観客にどう思われたい、というのはあまりないですね。

バーディー　マジシャンという呼ばれ方はあまり好まないのですか。

響　僕はマジックと思われようと、超能力と思われようと、どっちでもいいと思っているのです。

バーディー　たとえばスプーンを曲げたときに、「これはどういうパワーですか？」と聞かれたら、なんと答えるのですか。

響　リアルファンタジーでしょう。

バーディー　「超能力ですか？」と聞かれたらどうするのですか。

響　「超能力でもマジックでもない、リアルファンタジーですよ」と答えるのです。

バーディー　リアルファンタジーは便利ですね。では、「リアルファンタジーとはなんですか？」と聞かれたらどう答えています？

響　リアルファンタジーを説明すると、ちょっと長くなりますね。

バーディー　お客さんに質問されたときの、表現のニュアンスが難しいですよね。たとえば、ルービックキューブを一瞬で揃えたりしますが、お客さんに、「これってどれくらい練習されたのですか？」という感じで聞かれたときはどうでしょう？

響　子供の頃からやっているからわからないですね。

もちろん、いっぺんにできたわけじゃないですよ。

バーディー　練習の積み重ねですよね。

でも、たとえば「完成させるまで20年かかりました」などと言うと、そこには神秘性がないのですよね。それくらい練習すれば、誰だってできるようになるでしょう、という感じで。

とはいえ、「1年ぐらいでできるようになりました」と言うと今度は、「それぐらいでできるのですか」と、大した技ではないな、という顔をされるのです。

このニュアンスが難しいといつも感じます。

ルービックキューブを一瞬で揃えたときに、「どのくらい練習したのですか？」と聞かれた場合、「1時間ぐらいです」とでも言えばいいのでしょうかね。

響　僕もときどき、冗談で言いますよ。「昨日、徹夜してできるようになりました」とか。

バーディー　お客さんが、目の前で起きたことを認めたくないという気持ちを前面にだして、あれこれ聞いてくることがありますよね。

「どのくらい練習したのですか？」と聞いてくる人は、「練習したら、誰でもできるのだろう」と思っているわけです。

スプーン曲げを見せられても、「これはどこかで習ったのですか？」、「どのくらい練習したらできるのですか？」、「マジックの学校があるのですか？」などと聞いてくるのです。「タネがあるのでしょう」、「私が持ってきたスプーンでもできるのですか？」などと聞いてきて、絶対に不思議な力だとは認めてもらえません。

でも、これは僕の表現がまずいということです。

演出も含めて完璧にやってみせて、超能力だってお客さんが信じられるようなスプーン曲げを披露できれば、そんなことは聞いてこないはずです。

「いや、世の中にはこういう方がおられるのですね」と言って終わるわけですよ。

響　それが面白いかどうかはわからないですよね。お客さんが喜んでいるかどうか。

バーディー　ただ、僕が表現したいところはそこなのですよ。マジックは魔法の再現でしょう。超能力の再現で手を触れずに物を動かせる。保江先生がよく1万円札を浮かせてくれというので、僕は普通に浮かせてみせますが、要は、「いいもの見たな、超能力ってあるのだな」と思ってもらえることを目指しています。

響　デビット・カッパーフィールドがいいことを言っていますよね。

「僕には超能力はないけれど、超能力だと信じ込ませる超能力はある」と。

彼の言葉はすごい。やはり経験をいろいろと積んできたからこそ、口にできる言葉だなと思います。

バーディー　だから僕は、Mr.マリックさんに会ったときに相談したのです。テレビで何回かご一緒しましたので。マリックさんも超魔術と言ってやっていましたからね。

「僕がスプーンを曲げたら、『これを曲げられますか』と言ってフライパンを持ってくる人がいるのです。どうしたらいいでしょう?」って。

するとマリックさんは、

「お客さんがそれを不思議だと思っているのだったら、できればやってあげたほうがいいです」とおっしゃったのです。

でも、際限がないでしょう。ミキサーを持ってきて直してくれという人もいますし。だから、僕はムチャブリに応えるのはやめたのです。本当に、いろんな人が来るのですよ、超能力と思われてしまうと。ヤクザが来て、「あいつを殺してくれ」とか。

背筋に氷の矢が突き刺さる

響　生き死にに関わる話も、意外と身近にありますよね。

一番怖かったのが、僕が中学校1年生だった夏ごろですけれど、英語の授業中に、「なんだかもう授業を受けたくないな、帰りたいな」と思っていたのです。

そうしているうち、いきなり大きな声で「おじいちゃんが亡くなった」って言ってしまったのです。

自分では、なんでそんなことを言ってしまったのかわからなかった。

けれどもそのすぐ後に、突然校内放送が流れて、僕が呼ばれたのです。

「緊急の電話がかかっているので、すぐに職員室に来てください」と。

職員室で電話に出ると、

「おじいちゃんが亡くなったから、すぐに帰っておいで」と言われました。

教室に戻って、先生に、

「おじいちゃんが亡くなったから帰っていいですか」と言ったら、教室中が騒然としました。

「お前、放送が流れる前に、『おじいちゃんが亡くなった』って大きい声で言ったよな」

と友達にも言われて。それには答えず、

「すみません、帰ります」と言って学校を出たのですけれど。

バーディー　予知能力みたいなものですか。

響　それについては、原因がわかったのです。僕は小学校5年生のときに、キツネに取り憑かれたのですよ。

霊能力者に言わせると、キツネに取り憑かれると人が死ぬのがわかるそうです。

保江　そんなことがわかるのですか。

響　高校2年生のときなのですが、近所にボウリング場がありました。

友達二人とボウリングに行こうとして。ある角を曲がろうとした瞬間、頭からお尻にかけて、氷の矢が突き刺さったような感覚があったのです。

よく背筋が凍ると言いますが、あれは少し表現が違うと思います。氷の矢が突き刺さるというのが正解だと思うのです。

その瞬間、これはやばいと思って2人の首根っこを捕まえて、「ここを曲がるな」と言いました。

二人は意味がわからないから、「どうして？」と聞くのですけれど、僕は、「ここを曲がっちゃダメだ」と言い張って。

「大丈夫、大丈夫、気のせいだよ」と言って友達が角を曲がろうとしたら、ドンと大きな音がしました。

友達は看板が落ちたとか、銃声じゃないかとか言っていたのですけれど、僕は、「人が飛び降りた」と言ったのです。

バーディー　そんなことがわかるのですか。ちょっと僕らの寿命を見てもらったほうがいいかもしれない。

響　死相は出てませんよ。

バーディー　出てるって言われたら、すぐに病院で検査を受けます。

響　それは僕が暗示をかけたことになって、僕が殺したことになってしまいますからやめましょう。

そして、そのときは本当に人が飛び降りていて、でも亡くなっていなかったのですよ。「痛い、痛い」とわめいているので、すぐに近くの人に救急車を呼んでもらいました。しばらくすると、救急車やパトカーがやってきて、僕たちは目撃者だったので、警察官に事情も聞かれました。

友達二人は、実際に飛び降りるところを見ていなかったにもかかわらず、「左側のビルの4階の空いている窓から飛び降りた」と言いました。彼らは僕より前を歩いていたので、自分たちが警察に何か話さなければいけないと思ったのでしょう。左側のビルの4階の窓が大きく開いていて、目につく状況でしたから、思わずそう答えたのでしょうね。

ただ、飛び降りた人の体の向きで頭が左側にあったので、右から飛び降りたのは明白だったのですが、そんなことすら友達は気付いていなかったのだと思います。

一方、僕は、

「右側のビルの6階の屋上から飛び降りました」と言うと、警察官に肩を叩かれて、

「君だけ話を聞かせてほしい」と言われたのです。

僕だけパトカーに乗せられると、

「実は、君が言うのが正解だ。詳しい状況を教えてくれ」と言われました。

昼前から、「不審な人物が6階の屋上にいる」と通報があったそうです。

だから、「間違いなくその人が飛び降りたと思うので、話を聞かせてほしい」ということでした。


でも、「僕は見えるのです」とは言えないので、

「たまたま曲がった瞬間に視界に飛び込んできただけです。ぼんやりと人が飛び降りている光景が見えただけなので、よくわからないのですよ」とだけ説明しました。

保江　その氷の矢は、それからしばらく突き刺さっていたのですか。

響　その瞬間だけです。もう、びっくりしましたね。それまで経験したことがないことだったので。

保江　僕はちょうど、20年前に大腸がんの手術をしました。

最初は大腸がんだとはわからずに、腸閉塞で緊急手術を受けて、開けてみたら大腸がんで塞がっていたということがわかったのです。

だから、２時間の予定だった手術が６時間もかかりました。

でも、全身麻酔だから僕にとっては一瞬のことで、手術室から運ばれた後、ＩＣＵに丸１日、留め置かれました。


そのときに、背骨が非常に痛くて、痛みから逃れるために寝ようとまぶたを閉じると、まぶたの裏に地獄絵図が見えたのです。

まぶたを開けると痛くて、焼き火箸を頭の上からお尻まで突っ込まれているような痛みだったのです。

それを看護師さんにも訴えると、手術が原因で痛みが出ているのだと言われました。

だから、背骨に何かされたのだとずっと思っていたのです。

お腹を切っただけだとは思えないほどの痛みで、あまりに痛いからマリア様に祈りを捧げました。


僕はキリスト教の信者ではありませんが、勤務していた大学がカトリック系女子大だったので、学内にたくさんのマリア像が置かれていたのです。

だから、とりあえずマリア様という感じだったのですが、祈っていると、地獄絵図の中に白い点が小さく現れて、それがだんだん大きくなり、白い鳩になりました。

そして、白い鳩がさらに大きくなって、地獄絵図を全部隠してくれた瞬間、その焼き火箸の痛みがパンと消えたのです。

恐怖感も消えて、救われたのだと思いました。

その話を看護師さんにすると、

「麻酔の影響でそういう幻覚を見るのですよ」ということでしたが、焼き火箸を背中の中柩にグサッと差し込まれたという感覚と、今の氷の矢の話が似ているなと思いました。

その後、この経験を教会の神父やシスターに話したら、キリスト教においては白い鳩は精霊のシンボルなのだそうです。

「ぜひ、キリスト教に入信して、洗礼を受けてください」と言われたのですが、今でも洗礼は受けていません。

阪神淡路大震災の体験

バーディー　響さんが人の死を感じるというのは、いつも突然のことなのですか？　急に、この人は亡くなると感じるのですか？

響　たとえば、阪神淡路大震災のときに、僕は広島にいたのですけれど、揺れた瞬間、多くの人が亡くなる光景が見えました。

当時、僕はマンションの1階に住んでいたのですが、これはやばいと思って1歳の子供を抱えてマンションのベランダを飛び越え、向かいの駐車場に避難したのです。
するると、大した揺れではなかったのですね。
そんなに人がたくさん亡くなるような状況じゃないなと思って、もう一度ベランダを乗り越えて部屋に戻り、そのまま寝ました。
翌朝に起きたら、神戸で多くの人が亡くなったというニュースが流れていました。

バーディー　僕はそのど真ん中にいました。阪神高速が倒れているのを見ましたし、上空を多くのヘリが飛んでいて、とんでもない事態になっていましたね。
まだ、中学か高校生の頃でした。

響　震災の経験はトラウマになっていないのですか？　そういう光景を見た後に、フラッシュバックで出てくるといったことは起きませんでしたか？

バーディー　僕の場合は大丈夫ですね。亡くなった同級生もいましたが、「そういや、あいつ死んだんだな、あいつ、面白かったのにな」と思い出すくらいです。

響　僕も広島の土砂災害で、同級生が亡くなったのです。やはり、そのときは全く実感がわきませんでした。ただ、卒業アルバムを見たときに、「会いたくても、もう会えないんだな」と、初めて寂しさを実感しました。

バーディー　関西人は笑い話で、つらい気持ちを紛らわせるというところがあるのですかね。トイレがいかに大変だったか、なんて話をして笑い飛ばすところがあります。

トイレには水が流れないし、下水も壊れているから本当に一番大変だったのです。学校のグラウンドに穴を掘って、排泄物を捨てたりとか。学校は避難場所になっていましたからね。

理科室にいくと、遺体が並んでいました。理科室には暗幕があるので、直射日光で遺体が傷むのを少しは防げたのです。

病院でも、担架が足りないので、畳の上に乗せられた人が数多く運ばれていました。亡くなっている人も多かったのですが。

そんな中にも余震があって、揺れるたびにドキッとする。そんな生活でした。

保江　目の前で多くの遺体を見たのですね。

バーディー　見ています。街の中で大勢亡くなっていましたから。

保江　バーディーさんの今の能力の原点はそれですよ。

バーディー　そうですか。

保江　先日、矢追純一さんとの対談を本にしたのですが（『極上の人生を生き抜くには』明窓出版）、矢追さんの生い立ちに感動した話があるのです。矢追さんの原点はここにあったのかという話でした。

彼のお父さんは満州で事業に成功した人で、満州で裕福な生活を送っていたそうです。御殿のような家に住んで、多くの中国人を雇っていました。

ところがお父さんが亡くなり、戦争に負けたとたんに、使っていた中国人が我が物顔になり、家を追い出され、いっぺんにどん底の生活になってしまったのです。

ロシア兵も攻め込んできて、満州は大混乱です。

ある日、友達と二人でいたらGPU《ゲーペーウー》というロシアの秘密警察が、日本人の家に強盗に入ったロシア兵を狙撃したときに飛んできた流れ弾が、隣で座り込んでいた友達の頭を撃ち抜いたそうです。

ひょっとしたら、死んでいたのは自分だったかもしれないと思ったとき、矢追さんは悟りました。

「人はこのように、偶然の成り行きで死ぬんだな」ということ。同時に、「人はあっけなく死ぬ」ということを。

そんな状況の中で、なんとか家族は日本に引き揚げてきたわけです。

帰国後は東京に住んでいたのですが、小学生のときに学校の先生に引率されて行った川で、中洲まで行こうとほかの生徒たちと泳いでいたら、突然川が増水して、濁流になったそうです。

目の前を、先生がもがきながら流されていきました。バタバタと浮き沈みしていましたが、子供の矢追さんには何もできませんでした。

そして、先生は水死の状態で下流のほうに打ち上げられていたのです。

矢追さんはそうした経験をへて、結局、人間はいつ死んで、いつ自分が消えていくのか、何の保証もない。そういう世の中なのだと悟ったそうです。そして、一切の不安や恐怖から解放され、楽に生きられるようになったのですね。

この話は、矢追さんのご著書、『新装版　ヤオイズム』（明窓出版）でも語られています。だから彼はテレビのディレクターとしても、人の生き方を一歩引いて見ることができるのだとおっしゃっていました。

これがあの矢追さんの原点かと、かなり感動しましたが、バーディーさんも阪神淡路大震災で多くの人の死を目の当たりにしていて、共通するところがあると思ったのです。

バーディー　あとは、大量の排泄物ですね。

保江　それも、現代人にとってはかなりショッキングな光景でしょう。そこで、矢追さんのヤオイズムと同じ状態になったのだと思います。一歩引いて世の中を見るような。

バーディー　確かに、人が亡くなってもあまり悲しくありません。不思議なもので。たとえば明日、電話がかかってきて、「広島の響さん、昨日お亡くなりになりましたよ」と言われても、「ああ、そうですか」で終わる……、気持ちを大きく揺さぶられることはないと思います。

響　僕も同じですね。

バーディー　店のお客さんに、体に良い酵素があると言って、「縄文菌」だとか「カタカムナ」などを使ったという自作のジュースを持って来る人がいるのです。
長生きしたいからと言って、ヨガに通っているとか、気功を習っているとか、砂糖は毒だから食べませんという人がいるでしょう。
でも、そんなにこだわるのは、やめたほうがいいのにと思います。

保江　生死にこだわらない死生観を持っているということですよね。
実は、僕もそうなのですよ。死については、達観しているというか恐れていないというか、別にどうでもいいいと。

バーディー　まあ、人はいつか死ぬものですからね。

保江　超能力者とみんなから思われる人というのは、そこが共通点なのですよ。
死について、別にたいしたことではないと思える人は、超能力者だと思われている人が多いというか、必要条件ではないかと思います。

バーディー　人とちょっとずれていると感じることは多いですね。
「あの人が亡くなった」と教えられても、「ああ、そうか」というくらいにしか感じません。

そのきっかけが震災かどうかはともかく。

保江　でも震災の前に、遺体を見たことはなかったでしょう。

バーディー　なかったですね。震災の日は大きな揺れで眠りから覚めて、すぐに家を飛び出しました。

マンションが壊れたのですが、確かスコップを持って家を出たような記憶があります。スコップかどうかの記憶は定かではないのですが、何か長いものを持って出たのです。バットだったかもしれません。

するとと、同級生に会って、

「それを貸してくれ」と言われたのです。

「どうしたの」と聞くと、

「親が埋まっている。一緒に掘ってくれ」とも言われました。

そこで彼の家に行くと、お父さんがつぶれた家のあたりを掘り返しているのです。

「お母さんが下にいる。冷蔵庫の下敷きになっている」ということでした。

「大丈夫か」とお父さんが声をかけると、確かに「大丈夫」と返事がありました。

それからも「大丈夫か」と声をかけながら、一生懸命掘り起こしていたのですけれど、やがて返事が返ってこなくなりました。

すると、お父さんが肩を落として、

「君は帰ってくれ」と言いました。

そのとき、「君らも家を建てるときは、木造はあかん」と言っていた姿が、今も忘れられません。

「木造はあかん、鉄筋コンクリートにしろよ」と。

あのときは、木造の建物がほとんど倒れて、火災で燃えていったのです。

保江　長田区などは大変な被害でしたよね。

バーディー　僕が住んでいたのは灘区でした。倒れた家が次から次へと燃えていくのです。

僕はマンションの12階に住んでいたので、上から、街が燃えていく様子がよく見えました。「よく燃えているな。あいつの家も燃えている」と思いながら見ていると、その先に商店街があって、そこで火が止まりました。

保江　商店街が火災を食い止めたのですか。

バーディー　使っている素材にプラスチックが多いから、燃えにくいのでしょうね。煙やガスは出てドロドロと溶けていくのですけれど、炎の勢いが弱まって、そこから先へは広がりませんでした。

燃えた家の同級生は、家族全員が倒れた家の下敷きになって亡くなったのですよ。でも、「よかったな。家族全員が一緒に逝くことができて」、などともぼんやりと感じました。一人で残されたら、どんな思いでその先、生きていけばいいのか。

保江　そんなふうに感じたのですね。

バーディー　だから、たまに言われるのですよ、「悲しくないの」って。悲しくはないですね。むしろ、知人ががんだと診断されたときに、普段それほど親しくない知人までも、

「それは大変だ。できることがあったら言って」などと言うことがありますよね。そんなときに、「そこまで騒がなくても」という気持ちにはなるのです。治るかもしれないし、治らないかもしれない。なりゆきにまかせるしかないのではないかと。この感覚がちょっと、冷たいとか言われるのです。

保江　震災の体験に基づく死生観は、ヤオイズムではなくバーディーイズムですね。人に冷たいと言われるのは、僕もしょっちゅうですよ。感動がないといいますか。

バーディー　そうですね。感動しませんね。中学生で震災に遭った頃からです。タイタニック号が沈むのは、最初からわかっている。結末が最初からわかっている映画を見て、何が悲しいのか、という具合です。

響　人が死んでも、悲しいと感じないのですね。
僕は、死んだ人は、誰かに悲しんでもらいたいとは感じていない、と思うのです。
保江　そのとおりですね。
響　僕が亡くなっても、悲しまなくていい……、いろいろな楽しかったことを思い出してくれたらうれしいと思います。泣かないでほしいですよね。
バーディー　第三者的な視点ですよね。
響　俯瞰的に見ることができるということでしょうか。
バーディー　以前、店でお客さんがテレビを見ていたときに、淀川に迷い込んだクジラのニュースをやっていたのです。
どうやら、そのクジラが死んでしまったらしくて、その女性のお客さんはニュースを見な

がら、

「死んでしまったんだって、かわいそうに」とか言いながら、涙ぐんでいるのです。

ニュースでも、小さな男の子が、

「お空で自由に泳いでほしいと思います」などと言っていました。

でも、僕は、「あんなところにクジラが迷い込んだら、すぐに死ぬに決まっているでしょう。早く食べたらよかったのに」と思うわけですよ。女性は、

「バーディーさんは冷たい」などと言っていたのですが、その次のニュースで、

「海外から来たスキーヤーが雪崩に遭って1人亡くなりました」と言っていても、その女性は何も言わないのです。

それで、僕は言ったのです。

「クジラより人が死んだほうが重大ですよ。もう少し、客観的に物事を見たほうがいい。どう考えても、人が埋まって亡くなったほうが大事件です」と。

保江　そのとおりです。

バーディー　だから客観的に見て、本当に悲しいかどうかを考えるのです。悲しくならなかったことで、自分がなにか損したかといえば、別に損はしていません。自分の祖母が亡くなったときも、何も感じませんでしたね。

大人になれない幼稚園児が、超能力を発動させる

保江　僕もそうでしたよ。人が亡くなったことへの悲しみはない。幼稚園児といっしょですね。

僕らの感覚は、いまだに幼稚園児だと思うのです。幼稚園の児童のままで、今も生きているのです。

そうでなければ、超能力的なものはたぶん、発現しないと思います。

バーディー　だから、僕が40代、保江先生や響さんはもっと上、そんな年齢になっても超能

力などと言っているのですね。変ですよ、普通に考えたらね、
普通なら結婚して子供が生まれて、住宅ローンやら年金やら、日々の生活や老後の不安の解消に必死なはずなのに、いまだに超能力がどうした、スプーンが曲がった、なんて言っているのですから。

保江　「いまだにそんなことを言っているのか」なんて言われてね。

バーディー　「あなたもそろそろ大人になりなさい」ってことですよ。

保江　「大人になれよ」とか、「何をやってるの」と真剣に心配されます。

バーディー　普通に考えれば、「家庭を持たなくて大丈夫か。老後はどうするのだ」ということです。僕と同じくらいの年齢の人はたいてい、朝は自転車に子供を乗せて幼稚園に送り届けていますよ。
それを僕だけ、超能力だなんて言って。

たまたま僕はテレビなどに出ていて、同級生に見てもらえることもあります。
だから、同級生には、「あいつ、テレビに出るようになったんだな。よかったな」と思ってもらえますが、テレビに出ていなければ、「相変わらずの変わり者」で終わりです。

保江　そうですよね。

バーディー　40、50歳くらいになっても、「俺はビッグになってやる」と言いながら、バンド活動をしている人みたいな雰囲気があるでしょう。
40歳過ぎて、超能力や気や波動などと言っていたら、世間から白い目で見られても仕方がないでしょうね。

保江　でも、老後の生活をくよくよ心配するよりも、もっと人生で考えなければならないことがあるだろうと思います。
僕にとっては、それが超能力であったりするわけですよ。

　どっちが人生にとって有意義なのかと問えば、おそらく一般の人たちは、老後について考えることだと言うでしょう。

バーディー　保江先生も大学教授で、「ヤスエ方程式」を発表して有名になって、ご著書もたくさんあるから、宇宙人だ超能力だと言っても受け入れられるのでしょうが、何の肩書も実績もない人が言っても、「変人」とレッテルを貼られて相手にされないでしょう。

保江　そのとおりです。

バーディー　街で昼間からカップ酒を飲みながら、「俺は宇宙船に乗ったことがあるねん」と言っている酔っ払いと変わらなくなってしまいますから。

保江　そういう人も含めて真面目にとんでもないことを言える人というのは、幼稚園児のままなのでしょうね。

バーディー　そうです。大人にならないのです。

保江　大人になれなかった落ちこぼれ。僕らは大人の落ちこぼれですよ。

バーディー　落ちこぼれの仲間に響さんも入れられてしまいましたが、大丈夫ですか。

響さんは女性にはあんまり興味がない、女性として見るのではなくて人として見ると言いました。それが愛ですと。

保江　真っ先に愛の本質を眼の前に出されて。僕たち二人はノックダウンです。

バーディー　その人が幸せであることを願い、生涯見守り続けるのですよね。

響　それは、僕が言ったことではなく、加藤諦三さんの本に書かれていたことですけれども。

保江　離れたところで見守るだけですか……。

バーディー　それは、僕や保江先生の趣味には合わないなという話ですよね。

僕たちは、何光年離れていても、卑猥なメールを送る。

保江　今のはいいセリフですね。

響　新しい愛の形かもしれない。何光年離れていても、僕は愛を伝えるよ、ということですね。

保江　それは、幼稚園児だからできるのですよ。

バーディー　本当にそうです。大人にはすぐ怒られますからね。

小さな頃から、「ユリ・ゲラーのテレビを昨日見たか」とか、「Mr.マリック、すごかったよな」と言っていたのが、そのまま大人になったのです。

「おい、超能力ごっこやろうや」などと言って騒いでいた頃から、何も変わっていないのですよ。

保江　本当に、そのままです。

僕はひょんなことから方程式を見つけて、おだてあげられました。

バーディーさんも響さんも、マジシャンとして有名になっているから、面白いこと、すごいことをしている人だと思ってリスペクトしてもらえますが、何もなかったら確かに、いまだに大人になれていない単なる変人ですよね。

バーディー　保江先生も、宇宙人が好きなおじさん、宇宙船に乗ったって言っているおじさん。近所の人からは、「変わったことを言う人がいるね」と言われておしまいです。

親は子供たちに、

「昔、宇宙船に乗ったことあるって言ってるおじちゃんには、危ないから近づいたらあかんで」と言っているでしょう。

響　僕らも、１９８８年にMr.マリックさんが脚光を浴びていなければ、テレビに出ることもなかったでしょうね。

「いまだにあんなことやっている変なおじさんだ」で済まされていたことでしょう。

バーディー　でも、あまり若い人がスプーンを曲げても説得力がないという部分はあるのですよ。

たとえば高校生がスプーンを曲げてみせても、

「マジック道具を使ったんじゃない？　お前にそんな力はないだろう」と言われてしまうのです。

ある程度の年齢がいって、余裕をもった仕草で曲げるとリアリティがでてきます。

保江　世間から見たリアリティですね。

バーディー　そうです。それだけなのですよ、僕の商売なんて。世間からいかにすごいと思われるかが勝負です。

保江　響さんに空間を切り取るということを教わって、武道の技にも使えるのではないかと思ってやってみたら、確かに使えました。
何かふっと、「こうなのかな」と思っていろいろと道場でやってみて、こうすればいいんだなどとわかることがあります。

道場を開いて最初の頃は、「汝の敵を愛せよ」で、殴りかかってくる相手を愛すると簡単に相手が倒れるとか、さまざまなことをやってきたのですね。

すると、けっこう有名になって、本も出してネットにも出ていることで、僕を批判する人もどんどん増えてくるのです。


中には、真面目にコツコツと1つの流派を40年、ずっと稽古して鍛えたのに、未だにできないという人もいます。

そういう人たちは、僕の本を読んだりなどして、

「ちょこちょこっといろんな流派をかじっただけで、日頃の鍛錬もせずに、あんなことができるわけがないだろう」と僕を批判するわけです。

他にも、文句を言いに道場に来たのに簡単に倒されてしまって、「入門します」と言ってくれる人もいるのですが、一方でなんらの体験もなく、「あんなのはやらせに決まっている」などと言い切る人もいます。

でも、その人たちは、本当に真面目に努力してきているのです。

毎朝、１００回腕立て伏せをやってから会社に行くとか、走り込みを何キロもする、そういう人たちなのですよ。

そこまでひとつのことをとことん追求していった先に、素晴らしいものがあると信じられるのはいったいなぜだろうかと、僕は思ってしまうのです。

結局、僕たち幼稚園組は、一般の大人が信じている枠組みや考え方を持っていないのですね。

彼らが納得するようなことをするのはむしろ嫌だし、する気もありません。

だから、彼らから見たら僕たちは異端、怠け者、適当にうまくやっているだけの怪しいやつと思われるのです。

普通のマジシャンから見ると、特にバーディーさんは、「何でNHKはあいつだけちやほやするんだよ。きっと、NHKのディレクターに金を積んでいるんだろう」とか陰で言われていると思いますよ。

バーディー　悪口はいっぱい言われていますね。でも僕だって、NHKに「生放送でやってくれ」と言われたときは、怖かったですよ。

響　NHKは怖いですよね。言ってはいけないワードがいっぱいありますし。

バーディー　それもあります。前回は、正月のゴールデンで生放送でしたから。ミスが絶対に許されないでしょう。

保江　僕は最初にその話を聞いたときに、NHKのディレクターが意地悪でバーディーさんを追い詰めようとしているのじゃないかと思いました。

バーディー　僕もそう思いました。
最初は、「視聴者から無茶ぶりがあります。おそらく、こういうものがあるでしょう。それを全員でやっていきましょう」という話だったのです。

でも、いざ本番になったら、
「裏に行ってください」と言われて、「おかしいな」と思っていたら、
「どちらの手に持っているか、遠隔で当ててください」と言われたのです。
「そんなこと、できるわけがないだろう」という話ですよ。実際はやりましたけどね。

保江　いや、お見事でした。本当にね。

バーディー　自分でも「天才かな」と思いましたよ、あのときは。
その後、放送を見て、「やはり天才だな」と改めて思いました（笑）。

保江　僕も本当にそう思いましたよ。7人いて、6番目の出演だったから、最初は「何でトリじゃないの」と思いました。

ディレクターは何をやっているのだろうと思ったら、生だから時間が押してしまい、最後の7番目の人はちょっとしか出られませんでした。

だから、「バーディーさんが実質のトリだったんだな、なるほど」と思ったのです。

バーディー　あれはたぶん、僕がその無茶ぶりを断ると思っていたのだと思います。「すみません、できません」と言ったら、「失敗しました」ということになって、最後のマジシャンに行きたかったのではないかと思います。

保江　そういうつもりだったのですか。でも、やってしまったから、後の時間がなくなったと。それにしても、本当に大したものだと思いましたよ。あの状況ですから。

バーディー　周りは全部敵だと思いました。

僕の前の人たちは、無茶ぶりといっても、みんなある程度、想像がつくものだったのですよ。それに、僕だけ局に入る時間がおかしかったのです。ほかの人たちは午前11時集合でリハーサルしていたのに、俺だけ夕方の5時入りだったとか。

保江　僕はそれを聞いて、NHKのディレクターはわかっていたから、別格として扱っていたのかと思いました。

バーディー　違います。仲間はずれです。

響　「見ている人は、テレビ局と結託していると思うだろう」と言っている人もいましたよ。

バーディー　何をやっても、そういう風に言われるのですよ。

響　意外と、カメラは僕らにとって敵のようなものですよ。

何かトリックが撮れようものなら、そのまま流してやろうと思っていて、実際に何人かのマジシャンはやられています。

マジシャンの事務所が、「どうしてもそこはカットしてください」と頼んでも、「カットできません」の一点張りです。何回もそうしたことが起きているのです。

実害が大きいですが、たいがいのマジシャンはテレビ出演を歓迎しますからね。

バーディー　僕はもう、テレビに出たところで、という気持ちはありますね。

保江　正月の生放送は反響が大きかったでしょう?

バーディー　そうですね、あの放送は、ほかのマジシャンも驚いていましたよ。「何でわかったのですか」と聞かれました。

保江　マジシャンが聞くほどのすごい技だったということですね。

バーディー　普通はありえないですよ。

「スタジオの裏に行ってください。バーディーさん、一切見ないでください。モニターも一切ありません。右手と左手のどっちに持っているかを当ててください」。これですからね。そこで、「左です」と当ててしまったわけです。普通のマジックではありえませんから、みんな引いていましたよ。

それで、他のマジシャンに、

「あれは何を使ってどうやったのですか？」と聞かれるのです。

でも、「知らん」で終わりです。知らない、教えられない。説明したところで、きっとできませんよ。

ちゃんと教えたこともありましたが、教えてもできないのです。

そこで、いわゆるテレパシーだとか、ＥＳＰなどの話をするのですが、マジシャンにも通用しません。

簡単にいうと、左右の手のどちらに持っているかを当てるマジックについては、「左右、好きな方に持ってください」と言うときに、「左」と思いながら渡すのです。

平たく言えば、それだけですね。

保江　そうしたことはありますよ。

僕個人の話をしますが、僕は理論物理学者です。

だから、今まで知られていた方程式よりも、もっと幅広く、さまざまなことに使える、奥の深い方程式はないだろうかと常に考えていて、時折、ふっと思いつくわけです。

それで、その方程式をいろいろと計算していって、どんどん変化させていくと、こうなりそうだな、これが説明できそうだなというのが見えてきます。

しかし、結局はうまくいかないことが多いのです。

うまくいかなければその日は終わりで、また次の日です。

「昨日はあそこがダメだったから、ここをこうしてみよう」と再び計算してみるのですが、たいていは「やっぱりダメだ」ということになる。

これを延々と、1年365日繰り返しているのです。

ひらめくまではぼーっとしていたり、街中ならキレイな女性を眺めていたりしているのですが、一旦ひらめいたら、それでガチャガチャと計算を始めます。

そして、僕も今まで２回ぐらいしかありませんが、計算している途中で、「これはいける」と思えるときがあるのです。

最初に、計算式がふっとひらめいたときの印象は、ほかのときと変わらない。でも、途中から確信が生まれてくるのです。

そうなったら、僕はそこでいったん、計算を止めてしまいます。

響　もう、答えがわかっているからですか。

保江　わかっているのですが、今、確定させるのはもったいないなと思って、いったん計算をやめて飲みにいってしまうのです。楽しみは後に置いておこうと思って。

それで、お酒を飲んで酔っ払ってしまう。酔っ払って計算すると間違えるので。次の日まで持ち越してから、計算するのです。すると、案の定うまくいく。

最初のひらめきというのは、夢の中でとか、単なる思いつきとか、冗談半分とか、どれも大差はないのですけれども。

それこそ、バーディーさんのように「3枚目を取ってくれよ」と念じながら、「どれか好きなカードを1枚どうぞ」と言うのと同じような現象だと僕は思っています。「これはいけるぞ」という思いがだんだん強くなって、「いけた」となぜか思えたときに飲みに行くのは、人には説明できない確信を持ったときなわけです。

本当にうまくいくかどうかは、その時点ではわかるわけがない。

でも強い確信を持って、もう次の計算はやめて飲みに行こうという気持ちになる。その飲みに行くという気持ちが、僕にとっての確信なのですね。

バーディー　確信を持てるかどうかが肝なのですね。とてもよくわかります。

保江　どうやら、大人にならない、純真な幼稚園児のような感性が、超能力の発動にも寄与するということのようですね。

今回は、お二人の超能力者のお話をうかがえて、その能力や、リアルファンタジーというものについて、深く掘り下げることができたと思います。愛についてまで語れたのは、思いがけない成果でしたね。とても楽しかったです。ありがとうございました。

バーディー　こちらこそ、本当にありがとうございました。

響　縄文の話もできて、とても興味深かったです。心から感謝いたします。

おわりに

最後まで読みとおしていただいた読者諸姉諸兄の皆さんにはおわかりのことでしょうが、バーディーさんも響さんも、超能力者としての人生を歩む転機となったのは、日本テレビの敏腕ディレクター矢追純一さんが超能力者ユリ・ゲラーの存在を世の中に初めて知らしめた「スプーン曲げ特番」だったのです。

響さんと僕・保江邦夫はそれぞれテレビの前に釘付けとなり、ユリ・ゲラーの声かけで台所から持ち出してきたスプーンを手に、必死で「曲がれ、曲がれ！」と念じました。

そして、ブラウン管（当時はまだ液晶画面はありません）に映し出されたユリ・ゲラーの顔から何かが放射されたかのように感じた瞬間、岡山でスプーンを握っていた僕がスプーン曲げに成功したその同じ瞬間の感動を、響さんもむろん味わうことができたのです。

また、バーディーさんご自身は生まれてすぐの時期だったために、10年以上経ってからも再放送され続けていた録画に誘発されて、「スプーン曲げ師」を目指したとのこと。

そう、もう半世紀も前にこうして矢追純一さんの特番によって絡まされていたバーディーさんと響さんのタイムラインだからこそ、おまけでやはり絡ませていただいていた僕のタイムラインとも響き合うことができ、こうして50年の月日の流れを経て、超能力の真相に迫る意義深い邂逅を得ることができたに違いありません。

だからこそ、本文の最後でバーディーさんがふと洩らした、いえいえ、関西人特有のあの斜に構えた雰囲気でニヒルに本音をチラリと披露してくれたのです。

それこそが、対決相手が格上で思慮深い響さんだったからこそ、しっかりと拾い上げてもらえた「魔法の合い言葉」。人生を劇的に変えるための起爆スイッチそのもの!

それが、

「大人にならないのです」という、響さんが認め、僕も、

「要するに僕のように幼稚園児のままでいる」ということだと大いに納得したバーディーさんによる値千金の教え。

これを知った皆さんは、もう実行あるのみ。幼稚園児になって猪突猛進で世の中にぶつかっていくならば、あなたの人生はたちどころに変貌を遂げ、2千年も前に発せられたイエス・キリストの言葉、

「叩けよ、さらば開かれん」

「求めよ、さらば与えられん」

の真意もそこにあったことに気づくことでしょう。


こうして、本当に多くの皆さんに素晴らしい気づきと明るい希望を与えてくれる紙上対決を実現してくれたバーディーさんと響さんに、行司役《ぎょうじ》の僕は何か心に強く残るご褒美を差し上げたいと考えたのですが、そこはすでに人々の憧れの的である超能力をも手にしてしまっているお二人のこと、単なる賞品や賞金では話になりません。

では……、いったいどのようなものなら心の底から喜んでもらえるのか⁉

一瞬苦慮しかけたかに見えた僕ですが、そこはそれ、神様の御言葉が口を衝いて出るに任せている「出任せ男」を自負する僕のこと、その数秒後には妙案をひらめいてしまいます。

それは、な、なんと、バーディーさんと響さんにとっては神様である矢追純一さんをご招待し、お二人の「スプーン曲げ」の超能力をご披露するという記念すべき席を設けるというもの！

こうして、50年前に絡まった4本のタイムラインが不思議な力で手繰り寄せられた結果、僕・保江邦夫の誕生日の2日後に、東京は池袋駅前会場に陣取る矢追純一さんの文字どおり目の前で、バーディーさんと響さんのお二人が本当に、本当に楽しげに、そう、まるで幼稚園児そのもののように心の底から喜んでスプーン曲げの超能力を繰り出してくれたのです。

イヤー、よかった、本当によかった。人間って、本当にいいもんだ。人生って、本当に素晴らしいもの……。

そう気づかせてくれるほどに、「スプーン曲げ」という超能力を見事に昇華させてくれたバーディーさんと響さんに、そしてこの二人に超能力者としての人生を歩ませてくれた矢追純一さんに、全人類を代表して心よりの感謝の気持ちを伝えたいと思います。

２０２３年の誕生日の2日後に

保江邦夫

追記：

矢追純一さんの前で超能力を披露するバーディーさんと響さんの記録動画は、「夢源樹」のホームページから観ることができます。

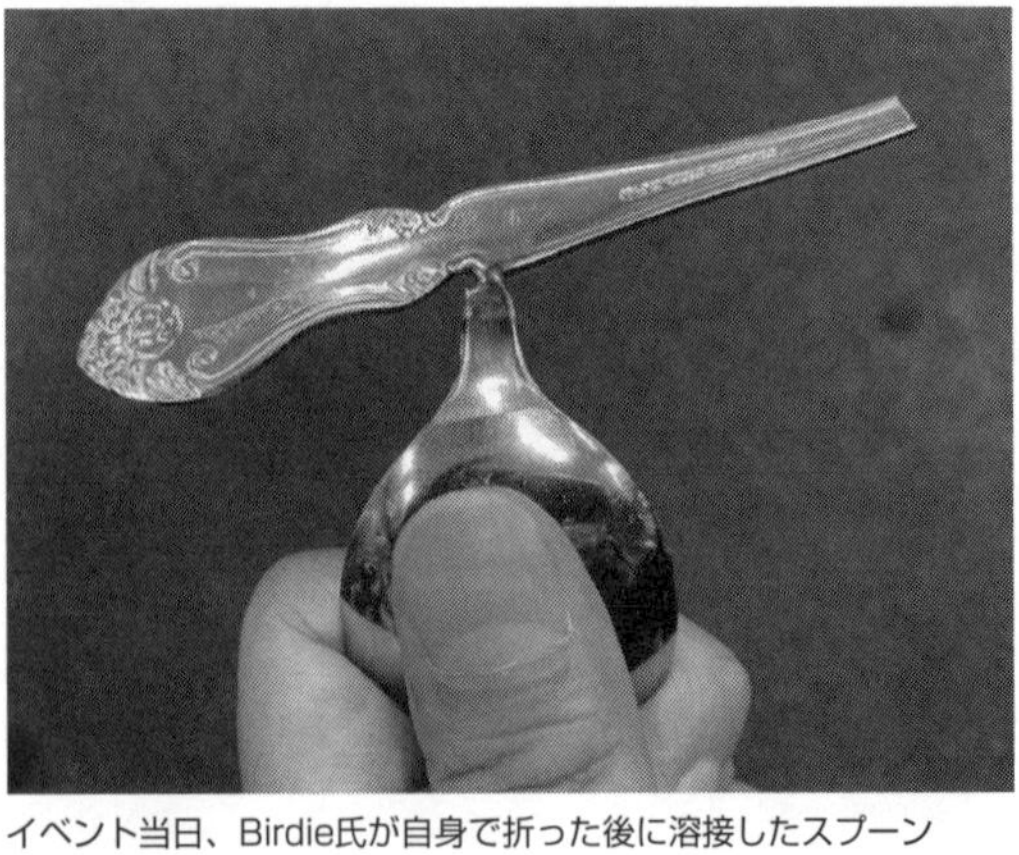
イベント当日、Birdie氏が自身で折った後に溶接したスプーン

「マジックカフェバー Birdie」にて　左から　Birdie氏、保江博士、響氏

保江邦夫 Kunio Yasue

岡山県生まれ。理学博士。専門は理論物理学・量子力学・脳科学。ノートルダム清心女子大学名誉教授。湯川秀樹博士による素領域理論の継承者であり、量子脳理論の治部・保江アプローチ（英：Quantum Brain Dynamics）の開拓者。少林寺拳法武道専門学校元講師。冠光寺眞法・冠光寺流柔術創師・主宰。大東流合気武術宗範佐川幸義先生直門。特徴的な文体を持ち、100冊以上の著書を上梓。

著書に『祈りが護る國　日の本の防人がアラヒトガミを助く』『祈りが護る國　アラヒトガミの願いはひとつ』、『祈りが護る國　アラヒトガミの霊力をふたたび』、『人生がまるっと上手くいく英雄の法則』、『浅川嘉富・保江邦夫 令和弍年天命会談 金龍様最後の御神託と宇宙艦隊司令官アシュターの緊急指令』（浅川嘉富氏との共著）、『薬もサプリも、もう要らない！　最強免疫力の愛情ホルモン「オキシトシン」は自分で増やせる!!』（高橋 徳氏との共著）、『胎内記憶と量子脳理論でわかった！『光のベール』をまとった天才児をつくる たった一つの美習慣』（池川 明氏との共著）、『完訳 カタカムナ』（天野成美著・保江邦夫監修）、『マジカルヒプノティスト スプーンはなぜ曲がるのか？』（Birdie氏との共著）、『宇宙を味方につけるこころの神秘と量子のちから』（はせくらみゆき氏との共著）、『ここまでわかった催眠の世界』（萩原優氏との共著）、『神さまにゾッコン愛される　夢中人の教え』（山崎拓巳氏との共著）、『歓びの今を生きる 医学、物理学、霊学から観た 魂の来しかた行くすえ』（矢作直樹氏、はせくらみゆき氏との共著）、『人間と「空間」をつなぐ透明ないのち　人生を自在にあやつれる唯心論物理学入門』、『こんなにもあった！　医師が本音で探したがん治療　末期がんから生還した物理学者に聞くサバイバルの秘訣』（小林正学氏との共著）『令和のエイリアン　公共電波に載せられないUFO・宇宙人ディスクロージャー』（高野誠鮮氏との共著）、『業捨は空海の癒やし　法力による奇跡の治癒』（神原徹成氏との共著）、『極上の人生を生き抜くには』（矢追純一氏との共著）、『愛と歓喜の数式　「量子モナド理論」は完全調和への道』（はせくらみゆき氏との共著）、『シリウス宇宙連合アシュター司令官vs.保江邦夫緊急指令対談』（江國まゆ氏との共著）（すべて明窓出版）など、多数。

響 仁 Jin Hibiki

1988年、TSSテレビ新広島の「テレ美人広島」にサイキックパフォーマー・メンタリストとして45分の生放送でTV出演を機に、プロとして、ホテルや豪華客船でのショーをはじめる。

TBS「USO　ジャパン?!」のマジックバトルでは日本のトップマジシャンたちに衝撃を与えた。

その他、CM「トヨタオート広島」やNHKの「お好みワイド」なと、TV・CMの出演も多数。

アラスカのシャーマン「ボブ・サム」にパフォーマンスを見せた時に、パフォーマンスは素晴らしいが、目的を失っている、君の役割りは語り部だと教わり、現在の潜在意識革命「リアルファンタジー」が生まれる。

また、広島が世界に誇れるマジックバーとして、2000年にマジック＆ショット・バーHivikiをオープン。現在では、マジックの世界チャンピオンたちが世界中から集まりパフォーマンスも行なってくれる。

超能力アーティスト、メンタリスト、ネオ・ファンタジスタ、潜在意識革命家、アクティベイターとして、ショーのみではなく、現在ではワークショップや講演会、企業のコンサルタントとしても活躍中。

催眠術・マジックレクチャー動画
月額見放題サイト

Birdie（バーディー）

幼少より超常現象に興味を持ち、20代のときに京都の催眠術師に師事。奇術を取り入れた催眠術誘導の新しい形を開発した功績は大きくスプーン曲げと催眠の腕前は日本で屈指のレベルと言われている。カードマジック、その他マジックにも精通しており　コメディからメンタリズム、ステージまで様々なクライアントのニーズに答えることができる。暗示や催眠等の要素を取り除いたとしても「心を読み取る」といったサイキックな現象は演出面含めカスタマーの評価は高い。ラジオ出演等では「聴く人の心を読み取る」といった演出も行う。また奇術と心理学を利用した催眠奇術を現在でも常に惜しみなく発表、レクチャー会やレクチャーDVDで多くのマジシャンが学びマジック・催眠業界では知らない人はいないほどの存在である。

今や本人のみならず様々なメディアでBirdie発案の催眠奇術を見ることができる。テーブルマジックでは技法を駆使したカードやコインマジックはもちろん、ステージマジックでは心理学や暗示を利用した読心術・催眠ショーまで行なう。著書に、『【マジカルヒプノティスト】スプーンはなぜ曲がるのか？』（保江邦夫氏との共著）、『世の中で悪用されている心理テクニック』（フォレスト出版）がある。

時空《じくう》を操《あやつ》るマジシャンたち
超能力《ちょうのうりょく》と魔術《まじゅつ》の世界《せかい》はひとつなのか
理論物理学者保江邦夫博士《りろんぶつりがくしゃやすえくにおはかせ》の検証《けんしょう》

保江邦夫《やすえくにお》・響仁《ひびきじん》・Birdie《バーディー》

明窓出版

令和五年十一月十日　初刷発行

発行者——麻生 真澄
発行所——明窓出版株式会社
〒一六四—〇〇一二
東京都中野区本町六—二七—一三

印刷所——中央精版印刷株式会社

ISBN978-4-89634-471-4

奇術vs理論物理学！

スプーン曲げはトリックなのか、
それとも超能力なのか——

本体価格　1.800 円＋税

稀代の催眠奇術師・Birdie 氏の能力を、理論物理学博士の保江邦夫氏がアカデミックに解明する！

Birdie 氏が繰り広げる数々のマジックショーは手品という枠には収まらない。もはや異次元レベルである。

それは術者の特殊能力なのか？　物理の根本原理である「人間原理」をテーマに、神様に溺愛される物理学者こと保江邦夫氏が「常識で測れないマジック」の正体に迫る。

かつて TV 番組で一世風靡したユリ・ゲラーのスプーン曲げ。その超能力ブームが今、再燃しようとしている。
Birdie 氏は、本質的には誰にでもスプーン曲げが可能と考えており、保江氏も、物理の根本原理の作用として解明できると説く。
一般読者にも、新しい能力を目覚めさせるツールとなる１冊。

物理学者も唸る宇宙の超科学

最先端情報を求めリスクを恐れず活動を続ける両著者が明かす、

異星人
地球環境
日蓮聖人
農業
医療
宇宙テクノロジー

知られざるダークイシュー

etc.……

主なコンテンツ

宇宙存在の監視から、エマンシペーション（解放）された人たち
「このままで行くと、2032年で地球は滅亡する」
人間の魂が入っていない闇の住人
歴史や時間の動き方はすべて、数の法則を持っている
フリーエネルギーを生むＥＭＡモーター
体内も透視する人間ＭＲＩの能力
瞬間移動をするネパールの少年
地球は宇宙の刑務所?!
ロズウェルからついてきたものには、水爆や原爆以上の力がある
「ウラニデス」――円盤に搭乗している人
人体には、フラクタル変換の機能がある
宇宙存在は核兵器を常に監視している

令和のエイリアン
公共電波に載せられない
UFO・宇宙人のディスクロージャー

保江邦夫
高野誠鮮

本体価格
2,000円＋税

さあ、あなたの内にあるイマジナル・セルを呼び覚まし、仮想現実から抜ける『超授業』の始まりです！

これから注目を集めるであろう量子モナド理論とは？　宇宙魂を持つ二人の対話は、一つのモナドの中で影響し合い、完全調和へと昇華する！

抜粋コンテンツ

- 万華鏡が映し出すモナドの世界
- プサイの由来となったプシュケと、アムルの物語
- 量子モナド理論は、実は宇宙人には常識だった!?
- 「人間原理」はどのように起動するのか
- 宇宙人の言葉に一番近い言語は日本語だった!?
- 地球で洗脳された3000人の魂を救い出せ!!
- イマジナル・セル——私たちの中にある夢見る力
- プサイが表すのは、予定調和や神計らい
- シュレーディンガー方程式は、愛の中に生まれた
- ユングとパウリの、超能力原理の追求
- エネルギーとは、完全調和に戻そうとする働き
- 宇宙授業で教わったこと
- 太陽フレアによって起きること
- いつも楽しく幸せな世界にいるためには?

保江邦夫 はせくらみゆき　共著

本体価格：2,200 円＋税

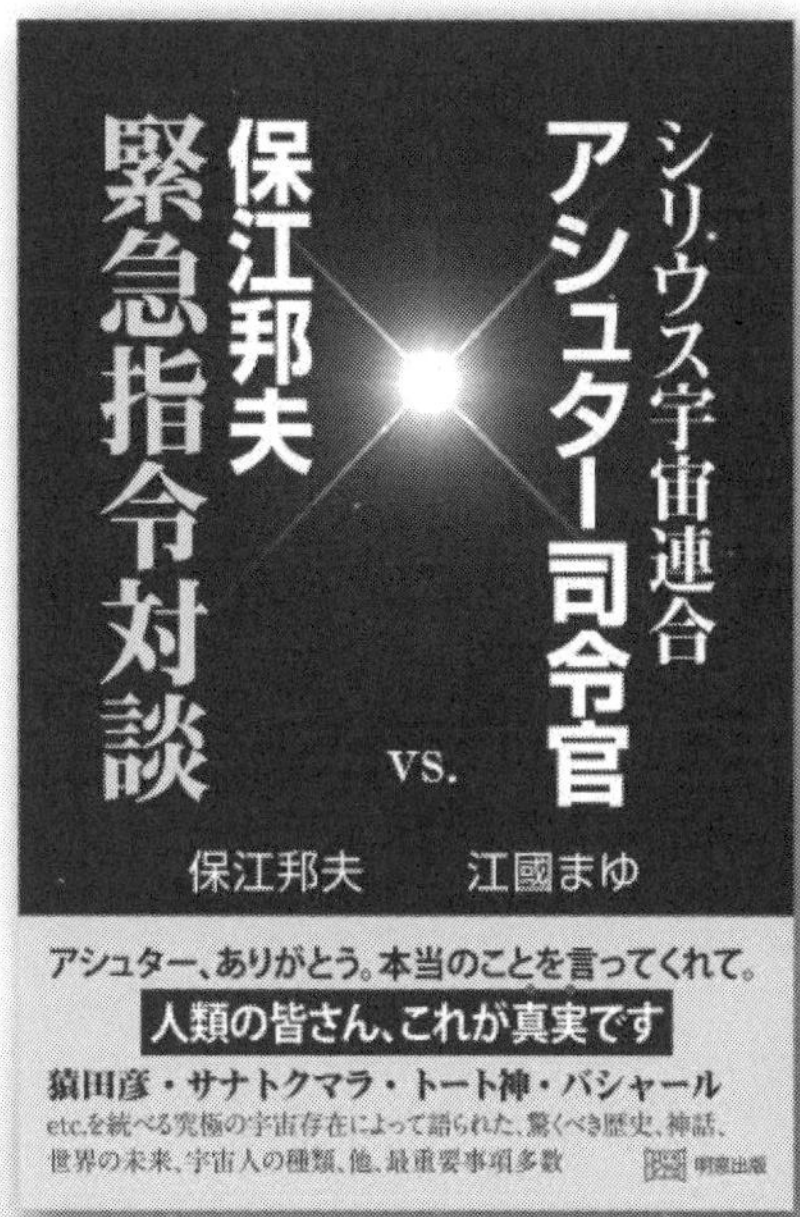

アシュター、ありがとう。
本当のことを言ってくれて。
人類の皆さん、これが真実です。

猿田彦・サナトクマラ・トート神・バシャールetc.を統べる究極の宇宙存在によって語られた、驚くべき歴史、神話、世界の未来、宇宙人の種類、他、最重要事項多数

保江邦夫／江國まゆ　共著
本体価格：2,000円＋税

第一部
シリウスの宇宙存在アシュターとは
1　コマンダー・アシュターのパラレルセルフ
2　瀬織津姫という物語に放り込まれた
3　自分自身が人生のコマンダー
4　宇宙の歴史のおさらい

第二部
地球で今、起きていること
1　火星に繋がるウクライナ戦争の真相
2　安倍晋三さんの銃撃事件の真相
3　天皇家のお話

第三部
日本のこと、ユダヤのこと
1　イエスとマリアの旅路
2　日本の古代史、岡山の豪族

第四部
自由な魂でいこう
1　死後の魂はどうなるか
2　スピリチャリストが陥りがちな罠

あの保江博士が
驚嘆!!

「本書に書かれている内容は、若き日の僕が全身全霊を傾けて研究した、湯川秀樹博士の素領域理論と**完全に一致**している」

本体価格 3,600 円＋税

我が国の上古代の文化の素晴らしさを後世に知らしめることができる貴重な解説書

上古代に生きたカタカムナ人が残し、日本語の源流であるといわれる「カタカムナ」。発見者、楢崎皐月氏の頭の中で体系化されたその全ての原理は、現代物理学において、ようやくその斬新性と真の価値が見出されつつある宇宙根源の物理原理。それは、人を幸せに導くコトワリ（物理）のウタであり、本来人間が持っている偉大な可能性やサトリにつながる生物脳を覚醒させるものである。

本書は、楢崎博士の後継者、宇野多美恵女史から直接に学んだ作者が半生を賭して記した、真のカタカムナ文献の完訳本。近年のカタカムナ解説本の多くが本質をねじ曲げるものであることに危機感を覚え、令和という新たな時代に立ち上がった。